이 책의 수익금 일부는 '(사)함께하는 사랑밭'에 기부되며
아동급식비지원사업에 사용됩니다.

김수환 추기경의 62가지 인생 이야기

감사합니다 서로 사랑하십시오

1판 1쇄 발행 2009년 12월 10일
1판 3쇄 발행 2010년 12월 15일

지은이 | 고수유
펴낸이 | 정영석
펴낸곳 | 마인드북스
주소 | 135-712 서울특별시 강남구 대치동 889-5
　　　샹제리제센터 A동 1601호
대표전화 | 02-6414-5995 팩스 | 02-6280-9390
출판등록 | 제2009-000311호
블로그 | http://blog.naver.com/mindbooks_
디자인 | 김승일
본문 일러스트 | 양천호 oh0001yang@naver.com
ⓒ 고수유, 2009

ISBN 978-89-963495-1-8 03230

값 10,000원

김수환 추기경의
62가지
인생 이야기

감사합니다 서로 사랑하십시오

고수유 지음

마인드북스

이 글은 실화를 바탕으로 만든 김수환 추기경의 인생 이야기이다.

나는 당신에게 한 가지 사실을 알려 주고 싶다.

당신은 스스로 생각하는 것보다 훨씬 더 많이,

더 깊이 사랑할 수 있는 능력을 지니고 있다.

당신의 마음속 깊은 곳으로 내려가 보라.

그러면 거기서 사랑의 불꽃을 발견하게 될 것이다.

그 사랑의 불꽃은 다른 사람들의 행복을 구하는 불꽃이며,

생사의 의미를 부여하는 불꽃이다.

우리 모두는 영원 속에서 다시 만나게 된다는 것을 확신하기 바란다.

사랑하는 사람은 결코 죽지 않기 때문이다.

그것은 무한한 신비이지만,

나는 그 신비를 체험했고, 그 신비를 통해 살았다.

그분의 삶의 향기를
되살릴 수 있기를 바라며

우리와 아주 가깝게 지내던 분이 있었습니다. 너무나 다정하게 신자는 물론 일반인들을 대해 주었습니다. 마음씨 좋은 동네 할아버지의 인상을 가진 분이었지요.

그분은 병든 사람들, 철거민들, 사형수들에게 희망의 등불을 들고 몸소 찾아갔습니다. 세상 사람들이 모두 모른 체하고 등을 돌릴 때 그분은 그들을 위로해 주었습니다.

위정자들이 정치를 잘못할 때는 매섭게 비판의 회초리를 들었습니다. 이 때문에 여러 차례 회유와 비방 그리고 위협이 따라왔지요. 하지만 그분은 자신의 생명을 돌보지 않고 정의와 민주주의를 위해 앞장섰습니다.

그분은 우리나라 민주주의의 역사에 거대한 느티나무처럼 우뚝 솟아올랐습니다. 그분을 빼놓고 우리 현대사의 민주주의를 이야기할 수 있을까요?

무엇보다 그분은 그 누구보다 신앙에 투철했습니다. 하느님 앞에 그 누구보다 철저히 자신을 바쳤습니다. 하느님 앞에 그 누구보다 더 매달렸습니다.

하지만 자신의 믿음을, 하느님과의 교감을 과장하지 않았습니다. 그분은 자주 자신의 부족한 믿음을 고백했습니다. 그분은 자신도 하느님을 만나기가 힘들다고 토로했습니다.

그분은 하느님을 만나기 어렵기 때문에 전적으로 하느님에게 매달릴 수밖에 없다고 했습니다.

그분은 어느 인터뷰에서 가장 친한 분이 누구냐는 질문에 이렇게 답했습니다.

"30년 동안 내 발이 돼 준 운전기사 김형태(요한) 형제입니다. 그는 성실하고 운전 잘하고 마음씨가 곱습니다."

이렇듯 그분은 자신의 높은 신분을 내세우지 않았습니다. 평생 소탈하고 겸손하게 살았습니다. 그런 그분은 자신을 바보라고 했습니다. 자신은 하느님의 위대함과 사랑과 진실을 잘 알면서도 마음 깊이 깨닫지 못한다고 해서 말입니다.

종교를 떠나 우리 모두에게 너무나 커다란 나무 그늘이 되어 주셨던 그분. 그분이 있었기에 우리는 아낌없는 사랑과 진정한 삶의 의미를 알 수 있었고, 신앙의 나침반을 손에 쥘 수 있었습니다.

이 책은 그분을 기억하는 모든 분들을 위해 쓰였습니다. 이 책은 그분의 삶을 총 62가지 이야기로 모았습니다. 이 책을 통해 그분의 삶의 향기를 조금이나마 되살릴 수 있기를 바랍니다.

끝으로 이 책을 쓰기 위해 참고한 추기경 사이트와 여러 신문사, 몇몇 단행본의 저자와 출판사에 감사를 드립니다. 이 책의 일화는 그 많은 자료에서 모티프와 소재를 취택함으로써 쓰일 수 있었습니다. 거듭 고개를 숙입니다.

와우산 기슭에서, 고수유

목차

주님은 나의 목자,
나는 아쉬울 것이 없어라

옹기장수의 아들

신은 도처에 가 있을 수 없기 때문에 어머니를 만들었다.

| 유태 격언 |

'옹기 장학회'라고 들어보셨습니까? 김수환 추기경은 형편이 어려운 학생들을 위해 '옹기 장학회'를 설립했습니다. 그 많은 이름 가운데 하필이면 자신의 아호를 딴 '옹기'를 붙였을까요?

김수환 추기경에게 '옹기'는 각별한 의미를 가지고 있습니다.

옹기는 질그릇과 오지그릇을 통틀어 이르는 말입니다. 천주교 박해시대 때 천주교 신자들이 옹기를 산 속에서 구워 내다 팔았습니다. 추기경은 좋은 것과 나쁜 것, 심지어 오물까지 담을 수 있는 옹기를 뜻 깊게 여겨 왔습니다.

김 추기경이 어릴 적에 어머니는 옹기장수를 했었습니다. 추기경의 어머니는 옹기를 팔러 이 고장 저 고장을 다니다가 늦은 저녁에 돌아오곤 했습니다. 추기경은 밤늦도록 어머니를 기다렸습니다.

추기경의 어머니는 항상 이런 말을 했습니다.

"애야, 너는 커서 반드시 신부가 되어라. 알았지?"

"예."

하지만 추기경은 신부가 썩 내키지는 않았습니다. 추기경이 정말로 되고 싶은 것은 장사꾼이었습니다.

'나중에 돈을 많이 벌어서 엄마 호강시켜 드려야지.'

늘 가정 형편이 어려웠습니다. 하지만 추기경의 어머니는 추기경에게 좋은 음식을 먹이고 좋은 옷을 입혔습니다. 신앙심이 남달랐던 추기경의 어머니는 추기경에게만큼은 각별한 애정을 쏟았습니다.

하루는 추기경이 어머니의 말씀을 안 들은 적이 있었습니다. 추기경의 어머니가 장사하러 나가면서 말했습니다.

"여기 교리문답을 다 외워야 한다."

"네."

하지만 추기경은 어머니의 말씀을 잊어버리고 말았습니다. 저녁이 가까워 오자 그제야 어머니의 말씀이 생각났습니다.

'아이쿠! 어머니 말씀을 잊어버렸네.'

이미 시간은 늦어 버렸습니다. 대문 여는 소리와 함께 어머니의 발걸음 소리가 들려왔습니다.

걱정에 사로잡힌 추기경의 머리에 생각이 스쳤습니다. 요번에 본 『효자전』의 이야기가 떠올랐습니다. 추기경은 『효자전』에 나온 이야기대로 따라 하기로 했습니다. 추기경은 회초리를 구해 와 어머니에게 드렸습니다.

"어머니, 저를 회초리로 때려 주십시오. 어머니 말씀을 지키지 못했습니다."

잠시 후 어머니는 어떻게 된 일인지 알 수 있었습니다. 추기경은 고개를 숙인 채 초조해하고 있었습니다.

"네가 잘못을 뉘우치니 됐다. 용서해 주마."

나중에 추기경은 옹기장수 어머니에게 떠밀려 신학교에 들어갔습니다. 하지만 훗날 추기경은 이렇게 회고합니다.

"살아오면서 가장 잘한 일은 신부가 된 것입니다. 옹기장수 어머니가 없었다면 불가능했던 일이었지요."

김수환 추기경은 가난한 집안에서 태어났습니다. 그러나 행상을 하며 힘들게 자식들을 키우신 모친의 희생과 사랑으로 믿음을 키워 나갔습니다. 추기경은 오래도록 가슴 깊이 어머니의 은혜를 새겨 두었습니다.

저는 부족합니다

신학생 시절, 김수환 추기경은 그때까지도 절실하게 사제의 길을 걸어가겠다는 결심이 서지 않았습니다. 그러면서도 자신이 신부가 될 수 있는지를 항상 반성하곤 했습니다.

김 추기경은 시간이 나는 대로 도서관에서 책을 읽었습니다. 다른 학생들은 보통의 젊은이들처럼 유행하는 연애 소설이나 흥밋거리를 다룬 책을 읽곤 했습니다.

"여기, 자네도 그 책 읽어 보게나. 굉장히 재밌어."

친구가 책 한 권을 소개해 주어서 책을 펼쳐 보았습니다.

'아, 너무 싫다. 난 이런 이야기는 별로야.'

그리곤 책을 돌려주었습니다. 추기경은 서가에 가서 책 한 권을 들고 와 읽었습니다.

'너무 훌륭한 분이야. 자신을 조금도 돌보지 않고 평생 남에게 사

랑을 베푸시다니…….'

책은 성인의 일대기를 다루고 있었습니다. 특히, 돈 보스코 성인이나 소화 테레사 성녀를 다룬 책을 아주 감명 깊게 읽었습니다. 이상하게도 성인의 삶은 추기경의 가슴을 울려 왔습니다.

'나는 신부가 되기엔 너무 부족해. 공부하기 싫어 꾀병을 부린 적도 있었지. 난 신부가 될 자격이 없어.'

김수환 추기경이 고민 어린 얼굴로 다니자, 프랑스인 공베르 신부가 불렀습니다.

"자네 고민이라도 있나? 표정이 안 좋아 보이네."

"……."

"정 그렇담, 고해성사를 보면 어떻겠나?"

그렇게 해서 김 추기경은 고해성사를 보게 되었고, 자신의 죄를 일일이 다 털어놓았습니다. 나무랄 만한 잘못을 범한 것은 하나도 없었습니다. 단지 김 추기경은 자신의 모든 면이 부족하게 보였습니다. 사소한 행동이나 말, 생각 모든 면에서 볼 때 부끄러웠습니다.

"신부님, 전 아무래도 부족한 게 너무 많아 신부가 되지 못하겠어요."

"전에도 말하지 않았나? 그게 정상이라고 말일세. 한 점 부끄럼 없고, 티끌만 한 죄도 없는 사람만이 신부가 되는 게 아니야."

공베르 신부님이 말을 이었습니다.

"자네에게 처음으로 이야기할 게 있네. 나도 자네처럼 젊었을 때는 방황도 했고 남에게 누를 끼친 적도 있네. 하지만 난 그 잘못을 진심으로 참회하고 나서 신부의 길에 들어선 거야."

'신부님에게도 그런 적이 있었다니…….'

공베르 신부님이 말했습니다.

"자네에게는 자신의 잘못을 누구보다 더 철저히 참회하는 마음이 있네. 명심하게나, 그게 신부가 될 수 있는 자격요건인 걸세."

김수환 추기경은 자신의 잘못을 뉘우치는 데 예외가 없었습니다. 순백의 영혼이 되고자 했습니다. 김 추기경은 성인들의 삶을 흠모했으며, 실제로 평생 성인의 길을 걸어갔습니다.

간절한 기도

염려의 시작은 신앙의 끝이다.
그러나 신앙의 시작은 염려의 끝이다.

| 조지 뮐러 George Müller |

김수환 추기경은 일본군국주의에 의해 강제로 학병으로 끌려갔습니다. 조국을 위해서가 아니라 국권을 침탈한 일본을 위해 전장에 나가게 된 것입니다. 드디어 견디기 힘든 훈련 기간이 다 끝났습니다.

다음 날 김 추기경을 비롯한 한국 출신의 학병들은 태평양을 건너가게 되었습니다. 이제, 김 추기경의 운명은 아무도 장담할 수 없었습니다.

김 추기경은 고향을 떠올렸습니다.

'어릴 때 뛰어놀던 들판과 개울이 보고 싶구나. 언제 다시 고향으로 돌아갈 수 있을까?'

날이 밝자 학병을 실은 배는 물살을 가르고 태평양으로 나아갔습니다. 배는 미국과 치열한 전투가 벌어지는 곳으로 향하고 있었습니다. 배가 항구를 떠나는 동안, 쉴 새 없이 미국 전투기와 폭격기들이 일본 본토로 날아들었습니다.

'쾅~!'

'드르르르르……'

날이 갈수록 미국의 일본 본토에 대한 공격이 거세어졌습니다. 학병을 태운 배는 태평양 한가운데로 서서히 나아갔습니다. 미국 폭격기의 위협은 없었습니다. 잔잔한 파도를 가르며 배는 전장으로 향했습니다.

그때 사이렌 소리가 울렸습니다. 적의 기습에 대한 경보가 울렸던 것입니다. 하늘은 쾌청하기 그지없었고 아무런 소리도 들리지 않았습니다.

"미국 잠수함이 나타났다. 모두 제자리에서 만반의 전투태세를 갖추도록!"

해군은 각자 제 위치에서 곧 이어질 전투를 준비했습니다. 하지만 전투함이 아닌 수송용 배는 미국 잠수함의 공격에 무력할 뿐이었습니다. 배에 실려 있는 학병들이 따로 할 일이 없었습니다. 육지의 전투에 대비해 훈련받은 학병들은 안절부절못했습니다.

"아, 한 번 싸워 보지도 못하고 개죽음당하게 되나?"

"하느님!"

한국 출신의 학병들이 한쪽에 모였습니다. 종교는 모두 달랐습니다. 종교가 없는 사람도 있었습니다. 그러나 이 순간만큼은 한 목소리가 되었습니다.

“주님, 저희들을 도와주세요. 저희들은 지금 생명이 위급합니다. 저희들은 그동안 주님에게 진정으로 매달리지 못했습니다. 주님, 저희를 용서하시고 가엾게 여겨 주십시오. 주님께 간절히 간절히 애원합니다. 주님이 저희를 살피시고 저희와 함께하심을 믿습니다. 사랑하시는 주님……."

간절한 기도가 이어졌습니다. 추기경의 머리에 스쳐 가는 사람이 있었습니다. 어머니였습니다. 추기경은 눈물을 흘렸습니다.

어느덧 시간이 흘렀습니다. 아무런 폭음이 들리지 않았습니다.

“잠수함이 비켜 지나갔어! 기적이야. 우린 살았어!"

현대 의학은 기도의 효험을 인정했습니다. 환자를 위해 간절히 기도드리면 실제로 환자의 병이 호전된다고 밝혀졌습니다. 추기경은 '기도는 녹슨 쇳덩이도 녹이며 천년 암흑 동굴의 어둠을 없애는 한 줄기 빛' 이라고 했습니다.

추기경에게 청혼한 여성

신의 부드러운 명령에 가장 잘 견디는 자,
가장 훌륭하게 신에 봉사한다.

| 존 밀턴 John Milton |

김수환 추기경이 사제가 되기 전 일입니다. 김 추기경이 일본에 학병으로 끌려갔다가 돌아온 지 얼마 안 되었을 때였습니다. 김 추기경의 형은 사제의 길을 걸어가고 있었습니다. 당시 김 추기경은 아직 사제 서품을 받지 않았습니다. 여전히 자신이 신부가 될 수 있는지 고민했습니다.

김 추기경은 형이 신부로 있는 성당에 잠깐 머물게 되었습니다. 그런데 성당에는 한 여성이 자주 드나들고 있었습니다. 그 여성은 형을 도와 고아원에서 봉사 활동도 하고, 성당 청소도 도맡아 하고 있었습니다.

어느 날 그 여성이 과로 탓에 쓰러져 눕고 말았습니다. 형이 김 추기경에게 부탁했습니다.

"다른 사람은 불편하게 생각할 것 같으니까 네가 가서 간호를 해 주면 좋겠어."

추기경이 그 여성을 간호하게 되었습니다. 추기경은 여성의 병실에 있는 동안 여성의 고민을 듣게 되었습니다.

"삶의 희망이 없어요."

"그게 무슨 말씀이신지요? 봉사활동을 그렇게 열심히 하시면서요."

"다 방편일 뿐이에요. 삶의 의미를 찾으려고 봉사활동을 해 왔어요. 하지만 여전히 내 마음은 피폐해요."

그러면서 여성은 자신은 허무주의의 철학자 니체를 신봉한다고 말했습니다.

"그러시군요. 당신에겐 고해성사가 필요합니다. 그 다음에 신에 대해 생각해 보세요. 내가 신부님을 소개해 드릴게요."

추기경의 진심 어린 조언에 힘입어 여성은 고해성사를 보게 되었습니다. 여성은 전보다 한결 밝아진 표정을 짓게 되었습니다. 여전히 몸은 편치 않았지만 마음만은 전보다 평화로웠습니다.

어느 날 여성이 추기경에게 말했습니다.

"저를 받아 주세요."

"아니, 뭐라고요!"

여성은 추기경의 따뜻한 배려에 마음이 끌렸던 것입니다. 추기경은 깜짝 놀라 급히 그 자리를 피했습니다. 며칠 동안 추기경은 깊이 고민하게 되었습니다.

'이 여성은 나를 좋아하지만, 난 정말 이 여성을 한평생 행복하게
해 줄 자신이 하나도 없어. 하지만 내가 신부가 되어 힘껏 남을 위해
봉사를 하면 많은 사람들에게 도움을 줄 수는 있어.'

이렇게 해서 추기경은 흐트러진 마음을 다잡을 수 있었고, 얼마 후
사제 서품을 받았습니다.

김수환 추기경은 사제 서품을 받기 전에 한 여성으로부터 사랑의 고백을 받
았다고 합니다. 하지만 이 일을 계기로 추기경은 한 사람이 아닌, 많은 사람들
에게 사랑을 베푸는 사제의 길을 걸어가게 되었습니다.

주님은 나의 목자, 나는 아쉬울 것이 없어라

너희와 모든 이를 위하여

인간이라는 것은 우선 책임이 있다는 것이다.

| 생텍쥐페리 Antoine-Marie-Roger de Saint-Exupéry |

'너희와 모든 이를 위하여(PRO VOBIS ET PRO MULTIS)'

이 말은 김수환 추기경이 서울대교구장, 추기경이 되었을 때 내세운 사목 표어입니다. 이것은 김 추기경이 마산교구장이 되었을 때 내세운 사목 표어를 조금 변형한 것입니다. 당시 사목 표어는 이렇습니다.

'여러분과 또한 많은 이들을 위하여'

이 사목 표어만을 보고서도 추기경의 삶이 어떠했을까를 짐작할 수 있지 않습니까? 추기경은 평생 사회의 소수민과 헐벗고 가난한 사람들을 위해 살았습니다.

김수환 추기경이 마산교구장이 된 지 얼마 지나지 않았을 때였습

니다. 주교단에서도 제일 막내였던 김 추기경에게 서울대교구장이라는 직분은 감당하기 어려운 직분이었습니다.

'아, 이젠 빠져나갈 길이 없구나.'

처음, 추기경은 놀라움을 금치 못했습니다. 그런 와중에 또다시 추기경 임명이라는 놀라운 소식이 들려 왔습니다. 김수환 추기경은 전 세계적으로 가장 젊은 나이인 44세에 추기경이 되었습니다.

'설마, 내가 그 자리에 있을 수 있을까?'

추기경이 서울대교구장이 되었을 때는 주위에서 수군거리는 소리가 심심치 않게 들렸습니다.

"엊그제 애송이가 서울대교구장이 되더니, 이젠 추기경까지? 바티칸이 지금 제정신이야?"

“경륜을 갖춘 분도 있기 힘든 자린데 잘할까요?”

추기경은 여러 가지 잡음에도 불구하고 소신껏 소임을 다해 나갔습니다. 어느 날 기자가 찾아왔습니다.

“사제가 되었을 때 표어는 어떤 것이었습니까?”

“네, 그때는 시편 51편 ‘주여! 이 죄인을 불쌍히 여기소서.’ 였습니다. 당시 저는 저 자신에게 솔직하고자 했습니다. 당시 사목 표어는 저의 절실한 고백입니다.”

“그렇군요.”

기자가 다시 물었습니다.

“서울대교구장과 추기경이 되었을 때는 지금의 사목 표어를 내세우셨는데 특별한 이유라도 있었습니까?”

“저의 평생의 주제가 바로 ‘인간’ 입니다. 인간 생명에 대한 존중과 사랑이 저의 최고 과제인 거지요. 생명의 빵이 되는 삶, 모든 이의 밥이 되는 삶을 살아야 합니다. 하느님이 뜻하시는 대로, 살아계신 그리스도의 아이콘(ICON)이 돼야 합니다.”

김수환 추기경은 자신의 사목 표어를 온몸으로 실천하며 살았습니다. 추기경은 일생을 우리나라를 위해, 버림받은 사람을 위해 살았습니다.

진정한 부자

우리들의 인생은 한낱 꿈과 같은 것이다.
그리하여 우리들의 보잘것없는 인생은 잠결에 꾸는 꿈결과 같다.

| 윌리엄 셰익스피어 William Shakespeare |

흔히 사람들은 '가난'을 피하고 싶어 합니다. 어느 정도 경제적 여유가 있어야 자신이 하고 싶은 일을 할 수 있고, 먹고 싶은 것을 마음껏 먹을 수 있으니까요. 경제적으로 궁핍하면 생활면에서 불편한 점이 한두 가지가 아닙니다.

그렇다면 진정한 부자는 어떤 사람일까요? 어느 식사 자리였습니다. 추기경과 여러 신부들이 함께 오순도순 식사를 했습니다. 한 신부가 말했습니다.

"요즘 경제가 안 좋아서 그런지 가난한 사람들이 많아졌습니다."

옆에 있던 신부가 말했습니다.

"저는 서울역에 한 달에 한 번씩 무료 급식 행사에 나갑니다. 가만 보면 노숙자들이 아주 많아진 것 같습니다. 가난에 빠진 사람들이는 듯해요."

추기경이 식사를 하다가 말했습니다.

"겉으로 보면 분명 가난한 사람이 늘었다고 보이겠지요. 허나 내가 보기엔 가난한 사람이 줄어든 것 같은데요."

함께 식사하던 신부들이 의아해했습니다.

"대체 무슨 말씀이십니까? 추기경님."

추기경이 입을 닦았습니다. 그리곤 입을 열었습니다.

"실은 여러분들도 잘 알고 있는데 놓치고 있는 듯해요. 여러분들도 알다시피 경기가 어려울 때일수록 기부자가 늘어나지 않았습니까? 작년에 그렇게 경기가 어려웠지만 오히려 구세군 냄비는 그 어느 해보다 풍성했지요."

"……."

"진정한 가난은 경제적 가난이 아니지요. 경제가 어렵지만 오히려 남을 도우려는 마음은 더 커지고 있으니까요. 경제가 어려워져서야 사람들은 본래의 착한 심성으로 돌아가는 듯합니다."

추기경이 말을 이었습니다.

"진정한 가난은 오늘이 될지, 내일이 될지 모르는 자신의 죽음에 대한 불안과 공포에서 벗어나지 못한 상태이지요. 물질적 풍요로움 속에 살면서 영원히 죽지 않고 살 것처럼 흥청망청 사는 사람들은 빈털터리나 다름없어요."

한 신부가 말했습니다.

"네, 그렇지요."

“그런 점에서 우리 종교인은 부자예요. 짧은 한 생애는 경제적으로 보면 너무나 하찮은 것이죠. 이에 비해 영원한 삶은 경제적으로 보면 진주나 다이아몬드처럼 값비싼 것이지요. 우리는 내세라는 고귀한 가치를 가지고 있는 부자이지요.”

사람들은 영원히 살 것처럼 살아갑니다. 어느 누가 ‘단명(短命)의 인생’을 통곡했다는 소리를 들어보지 못했습니다. 하지만 눈 깜짝할 사이에 우리 생은 이슬처럼 반짝이다가 스러지고 맙니다.

구멍이 난 속옷

김수환 추기경은 항상 이 나라에 와서 일생을 바친 외국 신부님들을 존경해 왔습니다. 그들의 사랑과 헌신과 청빈의 삶을 흠모해 왔습니다. 그 가운데 기후고 신부님을 빼놓을 수 없습니다.

김 추기경은 기후고 신부님의 병이 위중할 때 병문안을 간 적이 있었습니다. 기후고 신부님이 병석에 누운 채로 추기경을 반갑게 맞이했습니다.

"먼 길 오시느라 고생이 많습니다."

"뭘요. 자주 찾아뵙지 못해 죄송스럽습니다. 건강은 어떠십니까?"

"추기경님이 기도를 해 주셔서 그런지 점점 좋아지고 있습니다."

기후고 신부님은 겸손한 말투로 말했습니다. 추기경은 기후고 신부님을 바라보면서 생각에 빠졌습니다.

'기후고 신부님이 한국에 오신 때가 1925년이지. 그로부터 장장

51년간 한국에서 생을 바치셨어.'

기후고 신부님은 평양교구로부터 시작해 서울교구, 청주와 인천교구의 여러 본당에서 활동했습니다. 한국전쟁 중에는 군종으로 활동하기도 했습니다. 기후고 신부님은 언제나 도움의 손길이 필요로 하는 곳에 있으셨습니다.

"어서 자리에서 일어나셔야죠? 신부님을 보고 싶어 하는 사람들이 많습니다."

"그러게요. 아직도 할 일이 많은데 이러고 있으니 여간 속상하지 않습니다."

"그건 아닙니다. 이제는 휴식을 취하실 때입니다. 참, 신부님은 정말 고국에는 돌아가시지 않으실 생각이신가요?"

기후고 신부님이 말했습니다.

"네, 평소 말해 왔던 대로입니다. 내 고향은 한국입니다."

기후고 신부님은 자신의 고국인 미국 대신에 한국에 자신의 유해가 묻히기를 바랐습니다. 추기경은 이러한 기후고 신부님의 모습에 감동을 받았습니다.

그때, 병간호하는 아주머니가 방으로 들어와 장롱에서 옷을 꺼냈습니다.

"속옷을 갈아입으셔야지요."

그리곤 장롱에서 속옷을 꺼냈습니다. 추기경은 자신의 두 눈이 파르르 떨려 옴을 느꼈습니다.

'아! 저럴 수가.'

추기경의 눈에 들어온 것은 기후고 신부님의 속옷이었습니다. 속옷에는 여러 군데 구멍이 나 있었습니다. 게다가 기후고 신부님이 직접 꿰매셨는지 군데군데 엉성하기 그지없었습니다.

눈에 보이지 않는 것에 생을 모조리 바친 신부님의 삶은 어떠할까요? 눈에 보이는 것은 너무나 하찮을 것입니다. 기후고 신부님에게 눈에 보이는 것은 구멍이 숭숭 뚫린 속옷이나 다름없습니다.

하늘에 나타난 십자가

| 키케로 Marcus Tullius Cicero |

지금으로부터 30여 년 전의 일입니다. 한국에 천주교가 포교된 지 150년이 된 것을 기념하는 행사가 여의도에서 열렸습니다. 행사 당일에 마침 비가 내렸습니다. 하지만 전국에서 수많은 신자들이 여의도에 몰려들었습니다.

'이렇게 많은 신자들이 올지 예상을 못했어.'

김수환 추기경은 비를 맞으며 행사장에 들어서는 인파를 보면서 생각했습니다. 사람들은 다들 머리와 얼굴 할 것 없이 온몸이 빗물에 젖어들어 갔습니다.

"행사 준비는 차질 없이 잘되고 있습니까?"

"네, 예정대로 잘 되고 있습니다."

"아무쪼록 신자들이 불편하지 않도록 각별히 신경을 써 주세요."

추기경은 행사 시간이 다가오자 가슴이 벅찼습니다. 그리고 조용히 기도했습니다.

'이 모든 것이 150년 전 이 땅에 믿음의 씨앗을 뿌리신 순교자들이 있었기에 가능한 일입니다. 하느님, 이 땅을 선택해 주심을 감사드립니다. 이 나라의 모든 신자들이 하느님 앞에 나왔습니다……'

행사가 시작되었습니다. 먼저 기수대가 걸어 나가고 그 뒤를 사제단이 이었습니다. 단상에는 수천 명의 성가대가 한 목소리로 성가를 불렀습니다. 이윽고 주교단이 걸어 나갔습니다. 그때였습니다. 수천 명의 성가대 쪽에서 웅성거리기 시작했습니다.

'저기!'

'아!'

성가대의 사람들이 하나같이 주교단이 걸어오는 쪽의 하늘을 바라보았습니다. 주교단에 속한 추기경은 영문을 모른 채 그들을 바라보았습니다.

'혹시 안 좋은 일이라도 생긴 건가? 제발 행사가 끝날 때까지 하느님 잘 인도해 주십시오.'

추기경은 단상에 올라가 자리에 앉았습니다. 그러자 좀 전의 소란이 잠잠해졌습니다. 추기경은 안심하고 예정대로 행사를 잘 진행했습니다.

그날 행사가 끝났을 때였습니다.

"추기경님, 오늘 기적이 일어났습니다."

"대체, 무슨 소린가?"

“하늘이 개면서 십자가가 나온 걸 보지 않으셨나요?”

“뭐라고? 그게 정말인가?”

그날 추기경은 자신의 등 뒤로 펼쳐진 하늘에 생긴 십자가를 보지 못했던 것입니다. 나중에 그날의 사진으로 볼 수 있었습니다.

‘아, 우연치고는 너무나 선명한 십자가군!’

1981년 여의도의 하늘은 잔뜩 먹구름이 끼었었습니다. 추기경이 단상으로 입장하자 하늘이 개면서 십자가가 선명하게 나타났습니다. 십자가를 보지 못한 추기경은 하느님을 보지 못해도 믿는 자가 행복하다고 말했습니다.

주님은 나의 목자, 나는 아쉬울 것이 없어라

사찰에서 보내온 성탄절 축하 메시지

이곳 캘커타에 있는 임종자의 집에서는
타 종교 신자들과 기독교 신자들 상당수가 함께 어우러져 일합니다.

| 마더 테레사 Agnes Gonxha Bojaxhiu |

"오늘, 이 자리에 초대해 주셔서 감사합니다."

김수환 추기경은 자리를 가득 메운 사람들에게 말했습니다. 그런데 김 추기경이 있는 곳은 의외였습니다. 바로 길상사라는 사찰이었습니다.

추기경은 계속 말을 이어갔습니다.

"불교는 우리 사회가 더 나은 모습으로 발전하도록 많은 기여를 해 왔습니다. 불교가 이 땅에 온 지도 수천 년이 지났습니다. 많은 사람들이 부처님의 말씀에 따라……"

그러자 참석한 스님들과 일반 불교 신자들이 우레와 같은 박수를 쳤습니다. 추기경은 평소 타종교와의 대화를 강조해 왔습니다. 자기 종교만이 옳고 타 종교는 그르다는 독선을 배척해 왔습니다.

하지만 일부 사람들은 못마땅한 시선을 거두지 않았습니다.

"추기경이 사회 참여에 온 신경을 기울이더니 이제는 불교 행사에
도 참석을 하네."

"대체, 추기경은 어떤 사람이야?"

추기경은 일부 극성스러운 사람들의 편견에도 아랑곳하지 않고
소신을 밀고 갔습니다. 추기경은 길상사가 타 사찰과 다른 의미를
가지고 있음을 잘 알고 있었습니다.

길상사는 원래 요정이었습니다. 요정의 주인인 할머니는 죽기 전
에 자신의 전 재산이나 다름없는 지금의 길상사 터를 불교 단체에
기부했습니다.

"이제까지는 이것저것 가리지 않고 돈을 모아 왔습니다. 이제 내
가 살면 얼마나 살겠습니까? 앞으로는 내 재산이 이 사회를 위해 좋
은 일에 쓰이길 바랍니다."

이렇게 해서 길상사가 세워졌던 것입니다. 길상사 쪽에서 추기경
을 초대하자 추기경은 흔쾌히 응했습니다.

"할머니께서 전 재산을 바쳤다지요? 전 하루 정도는 바칠 수 있습
니다."

그 후, 가톨릭의 경사스러운 날이 다가왔습니다. 성탄절이었습니
다. 추기경은 성탄미사를 앞두고 있었습니다. 추기경은 기도를 끝내
고 많은 신자들이 기다리는 명동성당으로 향했습니다.

그때였습니다.

"추기경님, 길상사에서 축전이 왔습니다."

"그래? 고마운 일이군."

추기경은 축전을 읽었습니다. 그러고 나서 가벼운 발걸음으로 명동성당 안으로 들어섰습니다. 추기경은 불교뿐만 아니라 유학에도 관대한 자세를 취했습니다. 유학자이자 독립운동가인 심산 김창숙 선생의 묘소를 참배하기도 했습니다.

김수환 추기경은 그 누구보다 종교의 독선과 배타성을 안타까워했습니다. 그래서 불교 관계자와 대화를 자주 했고 함께 행사를 가지기도 했습니다. 추기경은 가톨릭뿐만 아니라 여러 종교계에서 존경받고 있습니다.

수녀님, 거울 자주 보세요?

어느 수녀회 서원식이었습니다. 김수환 추기경의 도움으로 수녀회가 세워졌고, 첫 서원식이 열렸습니다.

추기경은 수많은 수녀들을 바라보며 흐뭇해했습니다.

'이 수녀들 한 명 한 명이 이 나라 믿음의 횃불을 활활 불살라 올릴 거야.'

추기경은 서원식이 끝나자 수녀들과 함께 자리를 했습니다.

"여러분, 자주 거울을 보시나요?"

그러자 수녀들이 의아한 표정을 지었습니다. 한 수녀가 말했습니다.

"갑자기 거울이라니요? 추기경님."

추기경은 웃음기 어린 표정으로 말했습니다.

"수녀님들, 매일 자주 거울을 보도록 하세요."

역시 수녀들은 무슨 말인지 선뜻 이해가 되지 않았습니다. 한 수녀

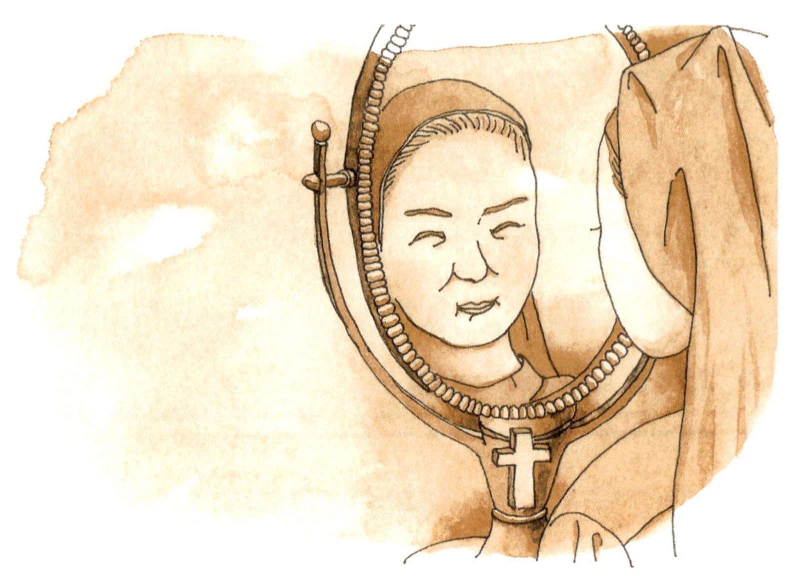

가 말했습니다.

"혹시 저희 복장이 잘못되기라도 한 건가요?"

"그게 아닙니다."

추기경은 말을 이었습니다.

"수녀님들은 영혼의 거울을 자주 보셔야 합니다."

'마음의 거울, 영혼의 거울을 자주 보라.' 이 말은 성녀 클라라가 했다고 합니다. 추기경은 이 말을 기억해 내고 수녀들에게 들려주었습니다.

그분께 매달릴 수밖에 없습니다

추기경에게 한 신자가 찾아왔습니다. 그는 자신의 고민을 털어놓았습니다.

"저는 어릴 때부터 믿음을 가져왔습니다. 그런데 요즘 사는 게 너무 힘들어 자꾸 믿음이 흔들리고 있습니다. 지금 생각하니 어릴 때는 믿음이 순수했었습니다. 지금은 자꾸 의심이 들곤 합니다."

추기경은 신자의 말에 귀 기울였습니다.

"저는 미사에는 빠짐없이 참석하려고 노력하고 있습니다. 그런데 내 믿음이 예전만 하지 못해서 걱정입니다. 어떻게 하면 내 신앙이 흔들리지 않을 수 있습니까?"

거기까지 말을 듣고 난 추기경이 말했습니다.

"저는 어떻게 보세요?"

신자는 추기경의 말뜻을 헤아리고 나서 말했습니다.

"추기경님은 정말 믿음이 크고 굳건하시리라 생각합니다."

그러자 추기경이 말했습니다.

"그랬으면 얼마나 좋겠습니까? 실은 나 역시 믿음이 자꾸 흔들린답니다."

신자는 놀라움을 감출 수 없었습니다.

"그러면 대책이 없습니까?"

"그분께 모든 것을 내걸고 매달릴 수밖에 없습니다. 그 길밖에 없습니다."

김수환 추기경은 언젠가 피정이 끝났을 때 하느님을 만나지 못했다고 했습니다. 하지만 추기경은 모든 것을 하느님에게 내어 바치고 매달릴 수밖에 없다고 했습니다.

월계관을 한 예수

인천의 한 수녀원입니다. 어느 무명 조각가가 14처 조각을 설치하기 시작했습니다. 조각가는 14처의 조각 가운데 제1처 조각을 만들고 있었습니다.

그는 조각을 하면서 생각했습니다.

'나의 예술혼을 모두 발휘해야 해. 그래야만 나는 진정한 조각가로 거듭날 수 있어.'

그러던 중 그는 고민에 빠졌습니다.

'예수상은 하나같이 비극적으로 만들어져 있어. 예수가 피를 흘리고 돌아가시긴 했지만 다시 부활하셨잖아? 그의 피 흘림은 인류의 축복을 위한 하나의 과정이지.'

그리곤 조각가는 마지막으로 예수의 머리 위에 월계관을 씌웠습니다. 이를 지켜보던 주위 사람들은 의아해했습니다.

"뭔가 잘못된 것 같은데."

"내일 추기경님 오셔서 보시는데 큰일 났어요."

다음 날이었습니다. 추기경은 조각을 보러 직접 나갔습니다. 추기경은 제1처 조각 앞에서 걸음을 오래도록 멈추었습니다. 주위 사람들은 긴장을 감추지 못했습니다. 조각가도 침묵 속에 있었습니다.

"이 조각 마음에 들어요. 이 조각은 선견지명이 있어요. 사형수에게는 이미 승리가 예고되었다는 것을 잘 표현해 주었어요."

인천 소래의 사르트로 성 바오로 수녀원 피정의 집에서 있었던 일입니다. 이때 김수환 추기경의 격려에 힘입어 조각가는 교회미술 분야의 유명한 조각가가 될 수 있었습니다.

나는 하느님을 만나기 어렵습니다

김수환 추기경은 이 땅에 그 어떤 종교인보다 뚜렷한 족적을 남겼습니다. 추기경의 영향력은 그의 언행일치와 솔선수범에서 나온 것입니다. 추기경의 가슴에는 하느님이 생생하게 살아 있었을까요?

어느 피정이 끝났을 때였습니다. 한 신부가 추기경에게 고민을 털어놓았습니다.

"저는 그렇게 열심히 기도를 했는데 하느님을 만나지 못했습니다."

그러자 추기경이 말했습니다.

"저도 그렇습니다."

추기경은 자주 자신을 솔직하게 고백했습니다.

"나는 하느님을 만나기가 너무 힘듭니다. 나는 하느님을 만나기 위해 많은 노력을 기울였습니다. 하지만 하느님은 항상 너무 먼 곳에 계십니다."

독일의 추기경 쿠자누스는 '박학한 무지'를 말했습니다. 그는 자신이 모르는
것을 아는 것이야말로 진정한 앎이라고 했습니다. 너무나 깊어 헤아리기 어려
운 신의 섭리를 모른다고 하는 것이 정말로 신의 섭리를 아는 것이 아닐까요?

감사합니다 서로 사랑하십시오

독일 노인의 시

김수환 추기경은 어느 잡지에 시 한 편을 직접 번역해 실은 적이 있습니다. 황혼기에 이른 독일 노인의 내면과 신앙에 대한 간결한 시입니다.

노인이 늙어 아무 일도 할 수 없을 때는 무엇을 할 수 있을까요?
시의 후반부는 말합니다.

"이리하여 아무것도 할 수 없게 되면
그것을 겸손되이 받아들이자.
하느님은 마지막으로 제일 좋은 일을 남겨두신다.
그것은 기도이다.

손으로는 아무것도 할 수 없어도, 합장만은 끝까지 할 수 있다.
사랑하는 모든 사람 위해 하느님이 은총을 베푸시도록 빌기 위해서.”

김수환 추기경은 노년에 이르러 겨우 거동할 수 있을 때까지 기도를 그치지
않았습니다. 그 기도는 자기 자신을 위한 것이 아니었습니다. 세상에서 가장
낮은 자, 예수의 길을 걸어가는 신자와 신부, 수녀들 그리고 우리나라를 위한
기도였습니다.

명동성당 보일러실 베드로 씨

김수환 추기경에게 신자들이 물었습니다.

"어떤 사람이 그리스도와 일치된 삶을 산다고 생각하십니까?"

추기경이 말했습니다.

"명동성당의 보일러실에서 일하는 베드로 씨입니다. 그는 허리가 굽었고 또 얼굴이 일그러져 있습니다. 그의 나이는 오십이 넘습니다. 그는 보통 사람이 누리는 혜택을 박탈당했습니다. 그렇지만 나는 그의 얼굴을 보면서 다르게 생각합니다. 베드로 씨의 얼굴에는 항상 평화와 믿음이 어우러져 있습니다. 그 평온한 얼굴은 전에 내가 마더 테레사 수녀를 뵈었을 때 본 얼굴입니다. 베드로 씨는 그리스도와 한 치도 어긋나지 않는, 일치된 삶을 살고 있습니다."

아무리 물질적으로 충족되었다 해도 마음에 불만과 결핍감이 가득하다면 어떻게 될까요? 그 사람의 삶은 밑 빠진 독이나 마찬가지입니다. 행복과 희망, 감사를 아무리 채워도 남김없이 흘려보내 버리기에 말입니다.

감사합니다 서로 사랑하십시오

길

우리의 꿈이 물거품이 될지언정 우리는 매순간 꿈을 꾸고 염원해야 하며,
고통에서 벗어날 희망을 포기해서는 안 된다.
그 순간 우리는 삶의 의미를 잃어버리기 때문이다.

| 세르반테스 Miguel de Cervantes |

안소니 퀸이 주인공으로 나오는 흑백 영화 '길'. 김수환 추기경은 이 영화를 인상 깊게 보았습니다. 어느 미사에서 말했습니다.

"영화에는 잠파노와 백치의 여성 젤소미나가 주인공으로 나옵니다. 젤소미나는 잠파노에게 끌려 다니며 이용당합니다. 그러다가 젤소미나는 마르코를 만나서 이런 말을 듣습니다. '돌멩이 하나에도 다 의미가 있다.' 이 말처럼 사람을 포함해 모든 존재에는 의미가 있다는 것을 명심해야 합니다."

김수환 추기경은 흑백 영화 '길'을 좋아했습니다. 그 영화의 명 구절을 미사와 여러 책에서 소개해 왔습니다. 상처 받고 박탈당한 느낌에 사로잡혀 삶에 회의감을 가지는 사람들은 젤소미나가 그렇듯이 존재의 충분한 의미가 있다는 것을 잊지 말아야 합니다.

감사합니다 서로 사랑하십시오

54

가장 행복했던 때

김수환 추기경에게는 살아오면서 가장 행복했던 때가 있었습니다. 서울대교구장 시절, 추기경이 되었을 때 말고 가장 행복하게 느꼈던 때입니다.

추기경은 안동본당과 김천본당 시절, 신자들과 함께 울고 웃던 때가 가장 행복했다고 합니다. 당시 안동본당과 김천본당은 여러 가지 여건이 좋지 않았을 때였습니다.

처음 안동본당에서 사목을 할 때였습니다.

'말이 성당이지 제대로 시설이 갖추어진 게 하나도 없네. 신자들 또한 가난하고 말이야.'

그렇게 해서 추기경은 모 주교로부터 거액의 지원금을 받기로 했습니다. 추기경의 열정 탓인지 어렵지 않게 지원금을 받을 수 있었습니다.

지원금을 받고 돌아온 추기경은 여러 가지 일을 벌였습니다.

"자, 힘을 합쳐서 성당 내부를 잘 꾸미도록 합시다."

"생활이 어려운 사람들은 언제든지 나에게 찾아오세요."

시간이 지나면서 성당은 번듯한 모습이 되었습니다. 소문을 듣고 많은 사람들의 발길이 이어졌습니다. 하루가 다르게 신자 수가 늘어만 갔습니다.

추기경은 어려운 사람들에게 고해성사를 보도록 했습니다. 추기경은 가난한 사람들 사이에 서로 반목이 생길까 염려했습니다.

'누군 도움을 받고, 누군 도움을 안 받고 하는 소문이 나면 마음이 상할 수 있지.'

이렇게 해서 추기경은 고해성사를 보는 신자들에게 말했습니다.

"여기서 하는 말은 비밀인 거 잘 알죠? 내가 당신에게 도움을 줬다는 사실을 절대 입 밖에 내서는 안 됩니다. 알겠죠?"

"네, 신부님."

서서히 본당이 있는 마을에는 훈기가 돌았습니다. 사람들 사이에서 본당의 소문이 돌았습니다.

"신부님이 어려운 사람들을 많이 도와주신다네. 그것도 소문이 나길 꺼린다고 해요."

"글쎄, 저도 도움을 받았어요. 절대로 말하지 말라고 하더라고요."

"훌륭한 분이시네요."

매일같이 신자들이 추기경을 찾았습니다. 소소한 일부터 걱정거리를 들고 와서 추기경과 이야기를 하고 싶어 했습니다.

추기경이 볼 일이 있어 며칠 자리를 비울 때였습니다. 추기경은 서둘러 일을 마치고 본당으로 돌아왔습니다.

추기경이 본당에 들어설 때였습니다. 신자 한 명이 종탑 아래서 추기경을 기다리고 있었습니다. 그 모습은 마치 어머니를 기다리는 자식과 같았습니다.

김수환 추기경은 시골 본당에서 사람들과 정겹게 지낼 때가 가장 행복했다고 했습니다. 높은 지위에 있을 때보다 시골 본당의 신부로 가난한 사람들과 아침저녁으로 부대낄 때가 가장 행복했다고 합니다.

추기경의 고백

김수환 추기경의 서울대교구장 은퇴식 후입니다. 추기경은 많은 언론 기자와 방송 기자에 둘러싸였습니다.

한 기자가 물었습니다.

"추기경님은 30년 동안 교구장직을 맡아 오면서 너무나 많은 일을 하셨습니다. 앞으로도 추기경님 같은 분이 나올지 모르겠습니다."

그러자 추기경이 말했습니다.

"전 다르게 생각합니다. 내 스스로 교구장직 30년을 점수 매긴다면 60점 이상 매길 자신이 없습니다. 다시 시계바늘을 30년 전으로 되돌려 다시 한다 해도 그 이상 잘할 자신이 없습니다."

추기경이 말을 이었습니다.

"내 나름대로 십자가를 지고 걷는 심정으로 살아왔습니다. 힘들고 지쳐서 십자가를 내려놓고 싶을 때도 많았어요."

추기경은 항상 자신을 솔직하게 고백해 왔습니다. 좋은 면이나 좋지 않은 면을 가리지 않고 사실 그대로 사람들에게 밝혀 왔습니다. 그 용기 있는 고백에서 평범한 사람들은 위안을 얻고 희망을 발견합니다.

주님은 나의 목자, 나는 아쉬울 것이 없어라

바보야

김수환 추기경이 생애 처음으로 전시회를 한 적이 있습니다. 고교 동문 주최의 전시회였습니다. 처음 동문들이 전시회에 출품을 하라고 부탁했을 때는 응하지 않았습니다.

그러다가 동문의 한 후배가 추기경을 찾아가 간곡한 부탁을 했습니다.

"추기경님이 꼭 출품을 해 주셔야 합니다."

"내가 전시회를 할 만큼 대단한 그림 실력이 있는 것도 아니지 않은가? 전시회는 자네처럼 훌륭한 화가들이 하는 게 제격이지."

추기경은 평소 친분 있는 사람들이 와서 특별한 처우를 부탁하는 것을 원치 않았습니다. 혈연, 지연, 학연의 줄을 단호히 끊었습니다.

"그게 아니라, 동문들이 기념으로 하는 전시회입니다. 그런 만큼 동문 선배이신 추기경님이 꼭 작품을 내주셔야 합니다."

후배가 끈질기게 설득을 하자 추기경이 말했습니다.

"정 그렇담, 내 작품의 수익금 전액을 장학 기금으로 쓰이게 하세. 그렇다면 생각해 보겠네."

이렇게 해서 전시회에 드로잉 14점과 판화 7점을 내놓았습니다. 유년 시절을 그린 '옛집'을 비롯해 '기차' 등 여러 작품들이 눈길을 끌었습니다.

그 가운데 한 작품 앞에서 사람들이 발길을 멈춘 채 움직일 줄 몰랐습니다.

"아니! 이 그림이 뭔가?"

동그란 얼굴에 투박하게 눈, 코, 입을 그린 그림이었습니다.

"'바보야' 라고 쓰여 있지 않나?"

"'바보'면 그게 누굴 말하는 건가요?"

사람들이 웅성거리기 시작했습니다. 사람들은 그 그림이 추기경의 자화상인 걸 믿을 수 없다는 눈치였습니다.

"설마, 추기경님의 자화상이십니까?"

가까이 다가온 추기경이 미소를 지었습니다.

"그림 그리는 사람들이 그렇게 눈썰매가 없나? 하하. 여기 보세나. 눈, 코, 입이 나를 쏙 빼닮지 않았나?"

곁에 있던 후배가 물었습니다.

"그런데 왜 이름을 '바보야' 로 하셨습니까?"

추기경이 말했습니다.

"나는 정말 바보일세. 왜냐면 하느님은 위대하시고 사랑과 진실 그 자체인 것을 잘 알면서도 마음 깊이 깨닫지 못하고 사니까."

주변이 잠잠해졌습니다. 다들 숙연한 표정으로 말을 아꼈습니다.

김수환 추기경은 자신을 서슴지 않고 바보라고 불렀습니다. 추기경은 끝까지 겸손을 잃지 않았습니다. 추기경은 자신을 돌보지 않고 힘없는 자, 버림받은 자를 위해 평생을 살아간 바보입니다.

의사의 고백

김수환 추기경이 돌아가시기 얼마 전입니다. 추기경은 자신의 건강보다 늘 주위 사람들에게 많은 관심을 가졌습니다. 하지만 추기경을 걱정하는 사람들이 특별히 대하려고 했습니다.

"추기경님, 이 방은 너무 협소합니다. 추기경님을 찾아오는 손님을 생각해서라도 특실로 옮기시는 게 어떻습니까?"

추기경이 말했습니다.

"그건 안 되네. 나로 인해 주위 사람들에게 폐를 끼쳐선 안 되네. 나를 잘 아는 사람들 역시 이 병실을 만족해할 걸세. 하하."

추기경은 갈수록 병세가 안 좋아졌지만 늘 웃음을 잃지 않았습니다. 추기경은 전담 의사와 가까운 사람에게 이런 부탁을 해 두었습니다.

"내 삶과 죽음은 하느님의 손에 달렸네. 내 또래의 주교들이 대부

분 세상을 떠났지만 난 운 좋게도 여태까지 살고 있어. 부탁하네만 절대로 내 생명을 연장시키기 위해 애쓰지 말게나. 나는 순순히 하느님의 부름에 응하고 싶어."

그러나 전담 의사가 말했습니다.

"추기경님이 오래 살아 계셔야 저희가 의지하고 살아가지 않습니까? 오래도록 우리 곁에 있어 주서야 합니다."

의사는 현대 의학 장비를 이용해 추기경의 생명을 연장시키도록 하고 싶었습니다.

"나를 생각해 주는 마음은 고맙네만 절대 사절이네. 하느님이 늦게 왔다고 꾸중이라도 하면 어떡할 셈인가?"

의사와 그 곁에 있는 신부들은 아무 말도 할 수 없었습니다. 하루는 추기경이 위급하다는 소식에 전담 의사가 밤길을 달려왔습니다. 추기경은 호흡곤란으로 사경을 헤매었습니다. 추기경은 가까스로 정신을 차릴 수 있었습니다.

"고맙네."

전담 의사가 힘없이 말을 잇는 추기경의 손을 잡았습니다.

"드릴 말씀이 있습니다. 아무에게도 못했던 이야기입니다."

"그래, 어떤 일인지 말해 보게나."

의사는 떨리는 목소리로 천천히 말을 이어갔습니다.

"추기경님을 곁에 모시고 있으니까 돌아가신 어머니가 생각납니다. 어머니는 불의의 사고로 돌아가셨습니다."

추기경은 말없이 귀 기울였습니다.

"어머니는 물에 빠진 손자를 살리고 나서 파도에 휩쓸려 돌아가시고 말았습니다."

추기경은 고개를 돌리고 눈물을 흘렸습니다. 아무 말도 하지 않았습니다.

손자의 생명을 살리고 자신의 생명을 잃어버린 할머니. 추기경님은 할머니의 희생 앞에 말을 잃고 말았습니다. 그 희생은 예수가 걸어간 길과 너무나 닮았습니다.

주님은 나의 목자, 나는 아쉬울 것이 없어라

신이여! 나는 당신이 보신 그대로 나의 전부를 쏟아 놓았습니다.

| 루소 Henry Rousseau |

김수환 추기경의 선종 전입니다. 추기경은 기력이 쇠약해졌지만 병문안을 온 사람들을 반가이 맞아 주었습니다. 가톨릭신자는 물론 비신자들 그리고 타 종교인들이 찾아왔습니다.

추기경은 항상 밝은 표정을 잃지 않았습니다.

"여러분의 사랑과 관심을 하느님이 아신다면 저를 곧 일으켜 세울 거라 봅니다."

사람들은 추기경의 유머와 웃음으로 즐거워했습니다. 한 번은 추기경을 간호하는 신부와 둘이 있게 되었습니다. 추기경이 자신을 어려워하는 신부를 위해 농담을 자주 건네곤 했습니다.

추기경이 신부에게 말했습니다.

"자네에게 부탁이 하나 있네."

"말씀만 하십시오, 추기경님."

그때 추기경은 제대로 대소변을 볼 수 없었습니다.

"내가 간호사 도움으로 소변을 보잖아? 그게 여간 불편하지 않더라고."

추기경이 신부를 바라보았습니다.

"그러니까 자네가 내 소변을 보아 주면 안 되겠나?"

그제야 신부가 추기경의 말뜻을 알아들었습니다.

"그러시다면 제가 해 드리겠습니다."

"내 속에 아직도 '남자'가 있는 걸까? 하하."

"추기경님도."

추기경은 그렇게 해서 소변을 보았습니다. 그리곤 침대에 누웠습니다. 그 곁에 신부가 다가와 앉았습니다.

"지금에 와서야 고독의 한가운데에 들어선 것 같아."

추기경은 지그시 눈을 감고 말했습니다.

"여태 나는 신앙 안에 살아왔지. 신앙의 삶에서는 고독이 필수적이야. 나는 매일매일 고독 속에서 지내 왔네. 그런데 노환으로 앓아 눕게 된 요즘에야 절대 고독을 느끼게 돼."

신부는 숙연해졌습니다.

"자네, 내가 신을 느끼지 못한다면 믿겠나?"

"네? 정말이십니까?"

"그래. 솔직하게 그렇다네."

그러고 나서 말했습니다.

"하지만 한 가지 약속을 해 주지. 내가 죽은 다음에 반드시 자네에게 먼저 나타나 신이 있다는 것을 알려줄게."

그 후 추기경은 선종하고 나서 신부에게 나타나 신을 증거했다고 합니다. 추기경은 묘비에 이 성경 구절을 남기고 싶다고 했습니다.

주님은 나의 목자, 나는 아쉬울 것 없어라(시편 23, 1).

선종 직전 추기경은 절대 고독을 체험했습니다. 그 고독 속에서 추기경은 하느님을 간절히 찾았습니다. 절대 고독을 체험해야 하느님의 음성을 들을 수 있습니다.

한 번에 한 사람씩
사랑하는 것입니다

마더 테레사 수녀와의 동행

마더 테레사 수녀가 한국에 방문했을 때입니다. 테레사 수녀는 대중에게 많이 알려져 있었습니다. 그래서인지 테레사 수녀가 가는 곳마다 인파로 혼잡했습니다.

"테레사 수녀님, 손을 잡고 싶어요."

"테레사 수녀님과 사진을 찍고 싶습니다."

사람들이 몰려들자 테레사 수녀님의 신변이 위험할 수도 있었습니다. 하지만 테레사 수녀님은 언제나 웃는 얼굴로 사람들을 맞이했습니다.

"수녀님, 너무 요란한 게 싫으시지 않으세요?"

테레사 수녀님을 모시던 추기경이 말했습니다.

"물론, 그렇지요. 그렇다고 내 편의대로 할 수 없지요. 나를 찾아

오는 한 사람 한 사람들이 가난한 사람들에게 도움의 손길을 내미게
됩니다. 내가 그들을 반가이 맞이해야 하지요."

"그러시군요."

어디서나 테레사 수녀님의 사진을 찍으면서 불빛이 터졌습니다.
테레사 수녀님은 노령의 허약한 몸에도 불구하고 편안한 표정을 지
었습니다. 빽빽한 일정 속에서도 수녀님은 아무렇지도 않은 듯했습
니다.

추기경은 테레사 수녀님의 건강이 걱정되었습니다.

"연세도 있고 건강도 안 좋으신데 좀 쉬면서 하면 어떠신가요?"

조용히 앉아 있던 수녀가 말했습니다.

"나에게는 나를 위한 시간이 없습니다. 나는 허리를 굽히고 섬기

고 살아왔습니다. 내게 주어진 시간은 오로지 가난하고 헐벗은 사람들을 위한 것이지요.”

추기경은 두 손을 모으고 눈을 감았습니다.

‘수녀님은 진정한 사랑이 무엇인지를 몸소 가르쳐 주시고 있어. 내가 이때까지 어려운 사람들을 도우려고 애를 썼지만 수녀님에 비하면 너무나 부족한 게 많군. 수녀님, 건강하게 오래 사세요. 사랑을 잃어버린 사람들에게 사랑의 존귀함을 널리 알려 주세요.’

추기경은 테레사 수녀님이 한국에 있는 동안 어디서나 함께했습니다. 스스로 테레사 수녀님의 수행비서가 되고자 했습니다.

추기경은 테레사 수녀님이 어느 강연에서 한 말씀을 잊지 못합니다.

“나는 한 번에 한 사람만 껴안을 수 있습니다. 모든 노력은 바다에 붓는 물 한 방울 같지만 붓지 않으면 그만큼 바다는 줄어들 것입니다. 당신이나 당신 가족, 당신이 다니는 교회도 마찬가지입니다. 단지 시작하는 것입니다. 한 번에 한 사람씩 사랑하는 것입니다.”

마더 테레사 수녀님은 인류의 어머니입니다. 물질적으로 가난한 사람만이 아니라 영혼이 가난한 사람을 모두 다 껴안는 어머니입니다. 추기경은 테레사 수녀님의 한없는 사랑을 닮고자 했습니다.

사형수 최월갑

김수환 추기경에게는 오랜 세월 잊히지 않는 사람이 있습니다. 정치인도, 기업인도, 종교인도 아닙니다. 김수환 추기경이 시간이 날 때마다 찾아가곤 했던 곳이 있습니다. 사회로부터 격리당한 사람들이 모여 있는 곳, 교도소입니다.

바로 그곳에서 만났던 사형수 최월갑을 오래도록 가슴에 담아 두었습니다.

김수환 추기경은 사형 집행일을 앞두고 있던 최월갑을 만났습니다.

"어떻게 당신처럼 순수한 사람이 살인죄를 저질렀는지 믿기질 않습니다."

추기경이 걱정을 해 주었습니다.

"그동안 내가 폐를 끼쳤던 분들에게 죄송스러운 마음입니다. 이젠 저의 잘못을 뼈저리게 반성을 했습니다."

"당신이 진심으로 죄를 뉘우친다면야 법에서도 용서를 해 주어야 한다고 봅니다."

추기경은 최월갑의 두 손을 잡았습니다.

"아무리 큰 죄를 진 사람이라도 우리 사람은 결코 그의 생명을 앗아갈 권리가 없다고 생각합니다. 하느님이 주신 생명의 절대성을 우리 인간은 존중해 주어야 하지요."

추기경은 사형제 폐지를 주장해 오고 있었습니다. 하지만 최월갑은 머지않아 사형장에 설 수밖에 없었습니다.

추기경은 자신의 힘으로는 어쩔 도리가 없었습니다. 사형장 옆에서 눈물로 기도를 드릴 수밖에 없었습니다.

"주님, 사형수 최월갑은 죄를 참회하였습니다. 너무나 맑은 영혼의 소유자인 최월갑을 주님이 거두어 주십시오."

사형 집행 시간이 지났습니다. 추기경은 가슴 한편이 찢어지는 듯했습니다. 그때였습니다. 사형장에는 작은 소동이 일어났습니다. 사형 집행 시간이 지났는데도 최월갑이 팔팔하게 살아 있었습니다.

"추기경님 오셨습니까?"

편안한 얼굴이었습니다.

"아니, 어떻게 된 건가?"

옆에 있던 소장이 말했습니다.

"사형대가 최월갑의 체중을 견디지 못하고 부서져 버렸습니다. 내가 이곳에서 이십 년 넘게 있었는데 이런 일은 처음입니다. 너무 당황스럽습니다."

"최월갑을 살려 주시
면 안 될까요? 이것은
분명 하느님의 계시입
니다."

추기경이 간곡하게 사
정했습니다. 하지만 소란
이 이내 정리가 됐습니다.

"예정대로 사형 집행!"

오히려 최월갑이 추기경을 걱정하는 투로 말했습니다.

"추기경님, 저 걱정 마세요. 먼저 천국에 가 있을게요. 추기경님이
세례를 해 주셨는데 하느님이 잊으실 리 있겠습니까?"

곧이어 그는 세상을 떠났습니다.

김수환 추기경은 사십여 년이 지난 뒤에도 이 일을 똑똑히 기억했습니다. 추
기경은 사형수 최월갑의 참회와 평화로운 죽음을 가슴에 새겨 두었습니다. 추
기경은 누구보다 적극적으로 사형제 폐지에 앞장서 왔습니다.

여고생과의 만남

김수환 추기경이 추기경 서임식을 한 지 3개월밖에 지나지 않은 때였습니다. 추기경은 평소 많은 사람들을 찾아다니며 하느님의 말씀을 전해 주기 위해 애썼습니다. 그러던 어느 날 추기경이 어느 청소년 수련원에 찾아가게 되었습니다.

그런데 행사 당일이 되자 장대비가 쏟아졌습니다.

"추기경님, 아무래도 비가 그칠 것 같지 않습니다. 야외 행사이니만큼 추기경님의 강연을 하기 어렵습니다. 그러니까 수련원에 연락해서 강연을 취소하는 게 어떨지요?"

추기경이 창밖으로 쏟아지는 비를 보다가 말했습니다.

"학생들은 수련원에 모두 참석했다지?"

"네, 이박 삼일 일정으로 학생들이 모두 참석했답니다."

추기경이 창에서 고개를 돌렸습니다.

"자, 여러 말 말고 당장 그곳으로 가세나. 나를 보기 위해 기다릴 학생들이 지금 빗속에서 흠뻑 젖고 있을 걸 생각하니 가만히 있을 수 없어. 내 딸들이라고 생각하니 안쓰러워 몸 둘 바를 모르겠네."

이윽고 김수환 추기경은 행사장에 도착했습니다.

수련원은 작은 강당 말고는 운동장과 야외 잔디밭이 전부였습니다. 학생들은 잔디밭에 친 텐트 안에 있었습니다. 비가 워낙 거세서 텐트 하나로 빗물을 막기는 역부족이었습니다.

추기경은 주위의 만류를 무릅쓰고 간이 막사 안으로 들어갔습니다.

"학생들이 빗속에서 떨고 있는데 나 혼자 강당 안에 있을 수야 없지."

임시로 만든 막사는 빗줄기를 막기에는 역부족이었습니다. 추기경의 이마에 빗방울이 떨어졌습니다.

그때 한 여고생이 빗줄기 속을 달려왔습니다.

"추기경님, 드릴 말씀이 있어요. 고민이 있어서요."

추기경이 관심 어린 표정으로 말했습니다.

"그래, 말해 보세요."

여고생은 침착하게 말했습니다.

"아빠는 집을 나갔고, 엄마는 병을 앓아누웠어요. 제가 아르바이트를 하고 동생 뒷바라지를 하면서 공부를 해요. 하루하루가 너무 힘들어요. 추기경님이 좋은 말씀 해 주세요."

그러자 추기경이 여고생의 손을 잡고 말했습니다.

"훌륭한 학생이군요. 나도 어려운 환경에서 자라났답니다. 가정환경이 어려울수록 더 하느님에게 매달려야 합니다. 보세요. 이 장맛비도 한때잖아요? 언제까지 계속 내릴 거라고 생각하진 않죠?"

추기경은 이런 글귀를 카드에 적어 여고생에게 주었습니다.

"장마에도 끝이 있듯이 고생길에도 끝이 있단다."

그 후 이 여고생은 힘들 때마다 이 말씀을 꺼내 보았습니다. 학업을 잘 마친 여고생은 세월이 지나 어엿한 가정주부가 되었습니다.

여고생에게 추기경의 말씀은 삶의 등대가 되었다고 합니다. 추기경이 장대비 속을 학생들과 함께했기에 가능한 일입니다. 추기경님이 지금도 우리와 함께하신다는 사실을 잊지 말아야 합니다.

독일에서 만난 간호사

김수환 추기경은 1956년 독일 유학길에 올랐습니다. 정들었던 김천 본당을 뒤로 하고 일가친척 한 명 없는 외지로 떠났습니다. 추기경은 뮌스터 대학에서 신학 공부를 했습니다.

'이제 나만의 귀중한 시간이 생겼으니 제대로 신학 공부를 해야겠어.'

추기경은 학교와 기숙사를 오가는 생활을 시작했습니다. 당시 한국에서는 많은 사람들이 직업을 찾아 독일로 왔습니다. 광부와 간호사가 대부분이었습니다. 한국의 경제가 발전하지 못했을 때 이들이 외화벌이를 했습니다.

추기경이 차차 한국 사람들에게 알려졌습니다.

"훌륭한 신부님이 독일에 오셨다고 해요."

"정말 그래요. 접때 아는 사람이 힘든 일을 겪고 있었는데 신부님을 만나 많은 도움을 받았다네요.”

“우리도 한 번 찾아뵈어야 하지 않을까요?”

이렇게 해서 독일로 온 한국인 간호사와 광부들이 김수환 추기경을 찾았습니다. 김수환 추기경은 그렇지 않아도 병상에 누운 한 주교님을 보살피고 있었습니다. 자연히 추기경은 자신의 공부를 위한 시간을 많이 빼앗기고 말았습니다.

‘독일에 공부하러 왔는데 이게 뭐람. 어쩌다 이렇게 됐지.’

하지만 추기경은 주교님을 간호하는 데 소홀히 하지 않았습니다. 그래도 자신을 부른 데는 어디라도 찾아가곤 했습니다.

한 번은 한국인 간호사가 찾아서 그를 만났습니다.

“반갑습니다. 추기경님. 먼 길 오시느라 고생이 많으셨어요.”

추기경이 여유로운 미소를 띠었습니다.

“저는 저를 필요로 하는 곳은 어디라도 갑니다. 내가 누군가에게 도움이 된다면 그 이상 더 무엇을 바라겠습니까?”

그러자 한국인 간호사가 말했습니다.

“고민이 있어서요.”

“무엇이든 허심탄회하게 말씀해 보세요.”

간호사가 말했습니다.

“한국에 계신 홀어머니와 동생들이 걱정이 돼서요. 제가 여기에 온 건 추기경님도 아시다시피 돈을 벌기 위해서예요. 벌써 삼 년이 지나갔어요. 제가 여기서 번 돈은 제가 쓰는 생활비만 빼고 모두 한

국으로 보내요. 앞으로도 몇 년간 이런 생활을 해야 합니다."

추기경은 가만히 경청했습니다.

"여기에 온 간호사들의 처지가 다 그럴 거예요. 한국하고 너무나 멀리 떨어진 타향에서 생활을 해야 하지요. 너무 힘들어요."

추기경이 말했습니다.

"당신 같은 간호사가 있기에 우리나라의 경제가 조금씩 일어서고 있습니다. 당신은 우리 조국을 위해 이국에서 청춘을 희생하고 계십니다. 당신이 여기서 흘린 땀방울은 우리 조국을 부강한 나라로 만들 것입니다. 조금만 더 참아 주세요. 당신을 위해 기도드리겠습니다."

갈매기처럼 날아가 버린 소녀

신이 우리에게 절망을 안겨 주는 것은 우리를 죽이기 위해서가 아니라,
우리 가운데에 새로운 생명을 소생하도록 하기 위해서이다.

| 헤세 Hermann Hesse |

김수환 추기경은 마산에 있는 한 병원의 환자를 병문안한 적이 있습니다. 환자는 꽃다운 나이 열여덟의 소녀였습니다. 소녀는 백혈병을 앓고 있었습니다. 백혈병은 소녀의 친척도 저 세상으로 끌고 갔던 적이 있습니다.

부모는 할 수 있는 모든 것을 다해 딸을 치료하려고 했습니다. 추기경은 그 소녀의 소식을 접하고 직접 찾아왔습니다. 머리카락이 한 올도 없고 창백한 얼굴을 한 소녀가 추기경을 맞이했습니다.

"추기경님, 너무 감사해요."

소녀는 힘없는 목소리로 말했습니다.

"네가 보낸 편지를 잘 읽어봤단다. 얼굴이 아주 밝아 보여. 밖에서 놀다가 온 것 같은데."

소녀가 미소를 지었습니다. 소녀의 꿈은 화가였습니다.

"꼭 병이 나아서 추기경님을 그려 드릴게요."

"그래, 기대한다. 네 그림 실력이 좋다고 엄마한테서 들었단다."

"뭘요, 아직도 많이 부족한데요."

"아냐. 너는 아직도 어리니까 열심히 하면 훌륭한 화가가 될 수 있을 거야."

"정말요? 하하. 감사해요."

소녀는 잠깐 웃다가 몸 상태가 안 좋은지 기침을 했습니다. 소녀는 휴식을 취해야 했습니다.

"희망이 있는 곳에만 희망이 있는 게 아니야. 희망이 없는 곳에도 희망을 걸어야 하는 거야. 무슨 말인지 잘 알지?"

소녀는 고개를 끄덕이며 눈물을 흘렸습니다. 가족들도 눈가를 훔쳤습니다. 추기경은 가족들에게 말했습니다.

"내가 기도를 드릴게요. 하느님에게 꼭 이 아이를 지켜 달라고 하겠습니다."

그렇게 해서 추기경은 명동성당으로 돌아왔습니다. 추기경은 몹시 가슴이 아팠습니다. 아직 살아갈 날이 많은 어린 소녀가 몹쓸 병에 걸렸다는 사실이 괴로웠습니다. 소녀는 이미 병원에서 손을 쓸 수 없을 정도로 병세가 악화되었다고 했습니다.

추기경은 두 손을 잡고 기도를 했습니다.

"주님, 저 아이 대신에 저를 데려가 주십시오. 저는 살만큼 살았습니다. 저 아이는 아직 꿈을 펼쳐 보지도 못했습니다. 저 아이에게 희

망을 주세요."

그로부터 며칠이 지난 어느 날 전화가 걸려 왔습니다.

"흑흑, 아이가 끝내……."

추기경은 가슴이 무너지는 듯했습니다. 추기경은 전화를 끊고 창문 밖을 내다보았습니다. 새 한 마리가 날고 있었습니다. 바닷가에서 나고 자란 소녀는 지금 한 마리 갈매기가 되어 푸른 바다 위를 날아가고 있을 것입니다.

'그래, 훨훨 날아가거라. 이 할아버지의 믿음이 약한 탓에 도움이 되지 못했구나. 하지만 너는 하느님에게 모든 것을 맡겼으리라 본다. 하느님이 너를 보호해 줄 거야. 틀림없이.'

김수환 추기경의 애통한 기도가 절절히 가슴에 전해져 옵니다. 죽음을 앞둔 어느 신혼 가장을 간호하던 호스피스 수녀도 그랬습니다. "제발, 내 생의 단 삼 년만 떼어 이 사람에게 주세요, 하느님."

빈민 운동의 대부, 제정구

인간이 불멸일 수 있는 것은 모든 생물 가운데에서 오직 인간만이 끊어지지 않는
소리를 지니고 있기 때문이 아니라, 인간이 영혼을 동정하고, 희생이 되어 죽고,
인내력 있는 정신을 지니고 있기 때문입니다.

| 포크너 William Cuthbert Faulkner |

"추기경님, 잘 오셨습니다."

작업복을 입은 한 사내가 정겹게 인사했습니다.

"그동안 고생이 많았어요. 이 허허벌판에 백칠십 여 가구가 살 터
전을 만들다니 훌륭합니다."

"추기경님의 도움이 컸습니다."

빈민 운동의 대부 제정구는 거듭 김수환 추기경에게 감사의 뜻을
표시했습니다. 제정구는 청계촌의 판자촌의 빈민들과 더불어 살아
가고 있었습니다. 배운 자로서, 가진 자로서의 허울을 다 벗고 진정
으로 그들과 함께 울고 웃는 친구이자 이웃이 되고자 노력했습니다.

제정구는 잊지 못하는 일이 한 가지 있습니다. 판자촌에 들어온 지
얼마 안 되었을 때입니다.

"결핵 3기라던데 일을 그만두고 쉬세요. 그러다 죽으면 어떡하려

고요?"

　제정구는 병에 걸린 이웃을 걱정해 주었습니다. 그러자 이웃이 말했습니다.

　"죽지 않으려고 일을 나가야 합니다."

　"뭐라고요?"

　"나는 하루 벌어 하루 먹고 살아가요. 근데 하루를 쉬면 그날은 굶을 수밖에 없지요."

　이때 제정구는 큰 충격을 받고 다짐했습니다.

　'진정으로 그들과 하나가 되지 못하고 있었어. 대학생 신분으로 가난한 그들에게 도움을 베풀어 주어야 한다는 생각에만 머물렀어.'

　이렇게 해서 제정구는 자신의 영혼을 바쳐 판자촌 사람들과 더불어 살고자 했습니다. 어려운 처지의 사람들을 일일이 찾아가 도움을 베풀어 주었습니다.

　그러다가 판자촌에 날벼락이 떨어졌습니다. 철거령이 내려졌던 것입니다.

　'아, 이를 어쩌나? 여기서도 겨우 입에 풀칠하면서 살아가는데 이제 어디로 가서 살아가란 말인가?'

　절망에 빠졌던 제정구는 추기경에게 도움을 요청했습니다.

　"추기경님, 판자촌 주민들 여기서 쫓겨나면 갈 데가 없습니다. 대책을 세워야 합니다."

　추기경은 놀라움을 금치 못했습니다.

‘아, 그 많은 사람들 이제 어떡하나?’

추기경은 급히 도움을 줄 수 있는 곳을 알아보았습니다. 그러다가 외국의 어느 단체로부터 상당한 돈을 융자받을 수 있었습니다. 그 돈으로 경기도 시흥군 소래면 신천리의 땅을 매입하여 판자촌 주민의 보금자리로 만들었습니다.

당시, 추기경은 제정구에게 말했습니다.

“당신은 하느님의 일을 하고 있습니다. 당신의 삶은 아름다움, 그 자체입니다.”

상계동 철거민

"추기경님, 큰일 났습니다."

김수환 추기경이 점심식사를 하고 있을 때 한 수녀의 전화가 걸려 왔습니다.

"대체 무슨 일이 일어난 건가?"

"결국 우려하던 일이 벌어졌습니다. 지금 철거반들이 이곳을 철거하기 시작했습니다. 마구 집을 부수고 있어요."

"알았어. 당장 갈게."

88올림픽을 앞두고 정부는 상계동을 재개발하기로 했습니다. 이 과정에서 정부는 강압적으로 상계동 주민을 철거했습니다. 이제 주민들은 하루아침에 살던 집을 잃게 되었습니다.

추기경이 급히 그곳에 갔을 때는 참혹한 광경이 벌어지고 있었습니다. 포클레인이 주민의 반발에도 아랑곳하지 않고 마구 집을 헐어

내고 있었습니다. 경찰은 철거반 편에 서서 주민의 저항을 막아서고
있었습니다.

"민중의 지팡이라는 경찰이 자기 집을 사수하겠다는 주민들을 이
렇게 대할 수 있습니까?"

주민들이 추기경이 온 것을 알고 더욱 거세게 저항했습니다.

"생존권을 보장하라!"

"폭력 경찰 처벌하라!"

추기경은 한 수녀의 하소연을 들었습니다.

"추기경님, 이 일을 어쩌란 말입니까? 이 사람들 이제 갈 곳이 없
어요."

"다친 데는 없습니까? 아주 힘들 텐데 고생이 많습니다."

"저희야 당연히 해야 할 일을 하는 거예요. 집을 잃은 이 사람들

정말 걱정이에요."

추기경은 수녀의 말을 지나칠 수 없었습니다.

"내가 힘닿는 데까지 노력해 볼게요."

그렇게 해서 추기경은 경찰과 담판을 벌였습니다. 경찰은 추기경의 단호함에 눌려 함부로 하지 못했습니다. 철거반을 보호하던 경찰은 반대로 주민을 보호했습니다. 그러나 이때뿐이었습니다.

날이 밝자 다시 철거가 시작되었습니다. 이 소식을 들은 추기경은 말했습니다.

"성탄전야 미사를 그곳에서 하겠어요. 그러면 경찰도 함부로 하지 못하겠지요."

그러나 철거반은 미사를 하기 위해 준비한 천막을 찢어 버리고 또 여러 물건들을 모조리 빼앗아 버렸습니다.

삶의 터전을 빼앗긴 상계동 주민들은 하는 수 없이 명동성당으로 오게 되었습니다. 추기경은 그들을 발씻김 예식에 초대하여 한 사람 한 사람의 발을 씻겨 주었습니다.

김수환 추기경은 머리와 입으로 하는 사랑에는 향기가 없다고 했습니다. 진정한 사랑은 이해, 포용, 동화, 자기 낮춤이 선행된다고 했습니다. 사랑이 머리에서 가슴으로 내려오는 데 70년이 걸렸다고 했습니다.

질투

김수환 추기경이 평소 질투를 느꼈다면 믿을 수 있습니까? 추기경에게는 분명히 질투심을 느꼈던 한 사람이 있었습니다.

그의 이름은 시몬 베유입니다. 이 여성은 부유한 의사의 가정에서 태어났습니다. 하지만 그녀는 가난한 사람과 달리 모든 것을 향유하는 삶을 살아가는 것을 부끄러워했습니다.

시몬 베유는 34년의 짧은 삶 동안 행동하는 지식인이자 금욕적 혁명가로 살았습니다. 그는 농민과 광부와 더불어 노동운동가로 살면서 신에게 나아가고자 했습니다.

그녀가 폐결핵에 걸렸을 때 의사가 말했습니다.

"충분한 수면과 영양 보충이 필요하오."

그러자 시몬 베유는 말했습니다.

"지금 굶주리고 있는 사람들이 수없이 많습니다. 그들을 모른 체

하고 내가 두세 사람의 양식을 먹을 순 없습니다.”

그녀는 평소 말해 왔습니다.

“나는 인류를 위해 모든 것을 바친 예수에게 질투를 느낍니다.”

불꽃 같은 짧은 삶을 살다간 그녀를 기억하며 추기경은 말했습니다.

“저는 시몬 베유의 삶에 질투를 느낍니다. 모든 것을 헐벗은 사람들에 바친 그녀의 삶에 정말로 질투를 느끼지 않을 수 없습니다.”

시몬 베유의 삶은 한 송이 불꽃 그 자체였습니다. 짧은 생애를 노동운동가로 살았던 그녀는 십자가에 못 박힌 예수에게 질투를 느꼈다고 합니다. 그녀의 삶에 질투를 느끼는 사람이 많을수록 이 사회는 행복으로 가득해지겠지요.

감사합니다 서로 사랑하십시오
·

유치원 교사의 편지

화창한 어느 봄날, 김수환 추기경에게 편지 한 통이 날아왔습니다. 일면식 없는 한 유치원 교사의 편지였습니다. 추기경은 편지를 읽으며 몹시 가슴이 아팠습니다. 편지의 내용은 이러했습니다.

추기경님, 전 얼마 전에 뇌출혈로 쓰러졌어요. 전 임신상태였습니다. 의사 선생님이 저에게 결정을 내리라고 합니다. 내 목숨을 구할 것이냐, 아니면 아기를 살릴 것이냐 선택을 하라고 합니다. 추기경님 어떡하면 좋을까요?

추기경은 편지를 읽자마자 홀로 성당에 들어가 기도를 드렸습니다. "주님, 사람들은 저에겐 특별한 믿음이 있다고 생각합니다. 내가 하는 기도는 하느님이 잘 들어주신다고 봅니다. 하느님, 간절히 바

랍니다. 제발 저 두 생명 모두 살려 주십시오. 하느님이 제 기도를
안 들어주시면 제 체면이 말이 아닙니다."

수많은 신자들은 김수환 추기경에게는 특별한 믿음의 힘이 있다고 믿었습니
다. 추기경은 솔직하게 그렇지 못하다고 말해 왔습니다. 하지만 추기경은 어
려운 처지에 있는 사람을 위해 항상 기도했습니다.

사랑

새해를 맞이해 잡지 기자가 김수환 추기경에게 찾아왔습니다. IMF와 대량해고, 가정해체 그리고 위정자들의 실정 등으로 인해 지난 한 해는 국가 위기에 빠졌습니다.

잡지 기자가 물었습니다.

"올 한 해 나라를 위해 한 마디 해 주십시오. 정치경제가 안정되고 가정이 화목해지기 위해서 말입니다."

추기경이 차를 혀에 축였습니다. 이윽고 추기경이 말했습니다.

"사랑만이 인간과 세상을 참으로 변화시킬 수 있습니다. 정치인, 경제인, 부부와 부자 모두 서로 사랑을 해야 합니다. 가톨릭은 가톨릭에만, 개신교는 개신교에만, 불교는 불교에만 한정하는 사랑이어서는 안 됩니다. 우리 인간 모두에게 차별 없는 사랑만이 위기에 빠진 나라를 구할 수 있습니다."

김수환 추기경은 차별 없는 무제한의 사랑을 강조했습니다. 그 사랑만이 위기에 빠진 우리나라를 구하고 안정되게 하는 힘이라고 보았습니다. 그 사랑은 입이 아니라 손과 발에게 절실히 필요한 것입니다.

쉼터 여성의 아저씨

김수환 추기경은 성매매 여성들에게도 많은 관심과 애정을 가지셨습니다. 바쁜 시간 중에도 쉼터 여성을 운영하는 수녀의 요청은 어기지 않고 찾았습니다.

언젠가는 추기경이 불면증으로 날을 새우고도 쉼터를 찾았습니다. 그러자 수녀가 말했습니다.

"오지 마시지 그러셨어요. 추기경님 건강을 생각하셔야죠."

추기경이 말했습니다.

"예수님은 자기 건강관리를 했던가요?"

추기경은 성매매 여성들과 함께 자리를 했습니다. 수녀가 여성들에게 소개를 했습니다.

"이분은 김수환 추기경입니다. 여러분에게 물심양면으로 많은 도움을 주고 계십니다."

여성들은 추기경이 가톨릭의 높은 지위에 있는 분이라는 사실을 잘 이해하지 못했습니다.

"인상이 좋아 보이시는군요, 아저씨."

이라거나,

"제 고민 상담을 받아 주실 거죠?" 했습니다.

추기경은 그런 것에는 개의치 않고 여성들과 오붓하게 시간을 가졌습니다. 추석이 되자 추기경이 여성들과 자리를 함께했습니다.

한 여성이 추기경에게 다가가 기대었습니다. 그리곤 말했습니다.

"추기경님, 담뱃불 주세요."

"네, 여기 있습니다."

여성은 추기경에게 말했습니다.

"고향에 계신 아버지가 떠올라요. 내가 성매매를 하면서 고향을 등진 지가 십 년이 넘어갔어요. 처음엔 돈 벌고 고향에 내려갈 생각이었지요. 근데 그게 아니었어요……."

여성은 울먹이기 시작했습니다.

"빚만 잔뜩 늘어 갔고 게다가 몸이 엉망진창이 돼 버렸어요."

그러자 주위에 있던 여성들도 침울해졌습니다. 추기경이 말했습니다.

"자자, 오늘은 추석입니다. 이럴 게 아니라 윷놀이를 해요."

그리곤 여성들과 윷놀이를 하면서 재밌는 시간을 보냈습니다. 그렇게 다정하게 시간을 보냈던 한 여성이 병으로 선종했습니다. 아무도 찾는 사람이 없었습니다. 추기경이 그 여성을 찾아와 그의 명복을 빌어 주었습니다.

"주님께서 이 여성을 살펴 주시옵소서."

시간이 지나자 쉼터 여성들이 추기경의 모습에 감화를 받게 되었습니다. 한 명 두 명 가톨릭신자가 되었습니다.

김수환 추기경은 쉼터 여성들에게 종교계의 높은 신분으로 찾아가지 않았습니다. 추기경은 그 여성들을 보살피려는 마음으로 찾아갔습니다. 쉼터 여성들은 저절로 추기경에게 감화를 받고 가톨릭 신자가 되었다고 합니다.

소록도의
천사 수녀

사랑에는 인간을 성자의 대열에 끼게 할 수 있을 정도의 힘이 깃들어 있다.

| 오스카 와일드 Oscar Wilde |

김수환 추기경은 평소 한센병 환우들에게 빚을 지고 있다고 해 왔습니다. 그들에게 정상인으로서, 종교인으로서 제대로 보살펴 주지 못한 데 대한 반성입니다.

그래서 추기경은 시간이 나는 대로 소록도를 찾으려고 했습니다. 소록도는 말 그대로 '작은 사슴의 섬' 입니다. 바로 이 섬에는 가족에게서조차 버림받는다는 한센병 환우들이 살고 있었습니다.

추기경이 이곳을 찾았을 때였습니다. 추기경은 한센병 환우들 한 명 한 명의 손을 따뜻이 잡아 주고 포옹해 주었습니다.

"빨리 건강을 찾으세요. 내가 기도해 드릴게요."

한센병 환우들은 알아들을 수 없는 말로 옹알거렸습니다. 그리곤 추기경은 그곳에서 두 수녀를 만났습니다. 오스트리아에서 온 마리안 수녀와 마거릿 수녀입니다. 두 수녀는 이십대의 나이에 소록도에

들어와 한센병 환우들을 돌보아 주었습니다.

"고생이 많으십니다."

"저희는 당연히 해야 할 일을 할 뿐입니다."

두 수녀는 말했습니다. 두 수녀는 보통 사람으로는 상상도 하기 힘든 일을 해 왔습니다. 한국인 의사와 간호사조차 장갑을 차고 환우를 돌보았지만 두 수녀는 맨손으로 환우를 돌보았습니다.

그 모습을 본 어느 의사는 속으로 생각했습니다.

'참으로 부끄럽다. 먼 나라에서 온 외국 수녀들조차 맨손으로 환우를 돌보는데 난 장갑에다 장화를 신어서야 환우를 대하지 않는가? 이 수녀들은 정말 사람인가?'

실제로 두 수녀는 소록도에서 43년간 오로지 한센병 환우를 위해 헌신했습니다. 나라에서 두 수녀에게 표창을 하려고 하거나 지원금을 주려고 할 때도 극구 거절했습니다. 자신의 나라 오스트리아에서 보내오는 연금을 아낌없이 환우들을 위해 베풀었습니다.

한 번은 두 수녀의 나라에서 수녀에게 표창을 주려고 했습니다. 하지만 이번에도 두 수녀는 사양했습니다. 하는 수 없이 오스트리아 정부 관료가 소록도를 찾아와 두 수녀에게 표창을 수여했습니다.

소록도 관계자가 말했습니다.

"두 수녀 할머니는 일제 때 만든 단층 벽돌집에서 TV도 없이 살았습니다. 오래된 냉장고, 선풍기와 카세트와 낡은 장롱이 전부였습니다."

김수환 추기경은 두 수녀를 바라보며 말했습니다.

"나중에 하느님을 뵐 때 하느님에게 꾸중을 들을까 걱정입니다. 두 수녀님만큼 한 일이 무엇이냐고 물으실 테니 말입니다."

한평생을 남의 나라의 한센병 환우를 위해 바친 두 수녀의 삶은 성스럽습니다. 두 수녀는 소록도에 뼈를 묻히기를 원했습니다. 지금 두 수녀는 고향에 돌아가 이 땅의 한센병 환우를 위해 기도를 드리고 있습니다.

몰래 들어온 행려자

늦은 밤, 은퇴한 김수환 추기경이 혜화동 숙소에서 묵주 기도를 올리고 있었습니다. 두 눈을 감고 기도에 열중하고 있을 때였습니다. 나지막이 방문이 열리는 소리가 들렸습니다. 누군가가 추기경에게 걸어왔습니다.

"추……기경님."

낯선 목소리에 추기경은 소스라치게 놀라 눈을 떴습니다.

"아니, 누구시오?"

역한 냄새가 나고 더러운 옷을 걸친 남자가 서 있었습니다. 헝클어진 머리며, 오랫동안 세수를 안 한 듯 때가 낀 얼굴이 누가 봐도 행려자였습니다.

"늦은 시간에 여길 어떻게 들어왔습니까?"

행려자는 기어들어 가는 소리로 말했습니다.

“며칠 동안 굶었습니다. 밥 사 먹을 돈을 주시면 감사하겠습니다.”

“아, 그런가요?”

추기경은 자리에서 일어나 말했습니다.

“그렇담 낮에 오시지 그랬어요? 원래 나에겐 지갑도 없고 가지고 있는 현금도 없어요.”

행려자가 힘없이 말했습니다.

“저는 너무 배가 고파서 여기로 오게 되었습니다. 늦은 밤 먹을 것을 찾아서 여기저기 다니다가 이곳으로 오게 되었습니다. 추기경님이라면 빵 한 조각 사 먹을 돈을 주실 거라고 생각해서 왔습니다. 정말 죄송합니다.”

그리곤 행려자는 몸을 돌려 방을 나서려고 했습니다.

“가만, 여기까지 왔는데 내가 그대로 돌려보낼 순 없지요. 아래층 수위실에 가 있으세요. 내가 신부에게 돈을 보내 주도록 할게요.”

다음 날이었습니다. 이른 시간에 신부와 수위가 찾아왔습니다.

“저희가 잠시 관리를 잘못했습니다. 죄송합니다.”

옆에 있던 수위가 말했습니다.

“추기경님, 너무 죄송스러워 몸 둘 바를 모르겠습니다. 밤이나 낮이나 행려자들이 불쑥불쑥 찾아오는데 늦은 밤에는 현관문을 잠가 두어야 하겠습니다. 잘못하다가 추기경님의 신변에 안 좋은 일이 생길지도 모르니까요.”

듣고 있던 추기경이 말했습니다.

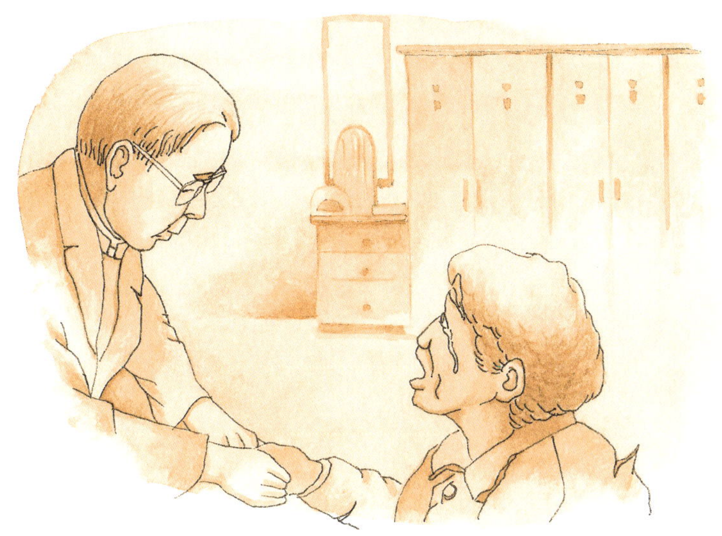

"그건 안 될 일이네. 내 걱정을 해 주는 마음을 잘 알겠네만, 세상 그 어느 곳에서도 받아 주지 못하는 사람들을 나는 함부로 내치지는 못하겠어. 다들 딱한 사정이 있어서 늦은 시간에 이곳을 찾아오는 게 아니겠나? 앞으로도 현관문은 항상 개방해 두도록 하세요. 나를 필요로 하는 단 한 사람에게도 난 소홀히 할 수 없어요."

김수환 추기경의 방에는 도둑이 들어도 훔쳐 갈 만한 게 하나도 없었습니다. 행려자의 무단 침입에도 추기경은 현관문을 개방하도록 고집했습니다. 추기경을 걱정한 비서실에서 추기경의 만류를 무릅쓰고 겨우 번호인식 자동키를 달 수 있었다고 합니다.

감사
합니다
서로
사랑
하십시오

나를 밟고, 그 다음 신부와
수녀들을
밟고 지나가십시오

나는 황국신민이 아니다

김수환 추기경이 동성상업학교의 신학생 반에 다니고 있을 때였습니다. 아직 추기경은 뚜렷하게 신부가 되겠다는 생각을 갖고 있지 않았습니다. 하지만 민족의식만큼은 누구보다 강렬했습니다.

당시 우리나라는 일본 제국주의에 의해 국권을 상실하던 때였습니다.

"형, 우리나라의 운명은 어떻게 되는 거야?"

"암담하다. 국권을 잃어버렸으니 우리 앞날은 캄캄한 터널이야."

"어른들은 뭐하는 거야. 일본 놈을 몰아내지 않고서."

"힘을 길러야지. 힘을 길러야 이 땅에서 일본 놈을 내몰 수 있는 거야."

추기경은 형과 시간이 날 때마다 이런 이야기를 주고받았습니다. 추기경은 일본에 나라를 빼앗긴 것을 생각하면 분노를 억누를 수 없었습니다.

시험 날이었습니다. 다른 과목 시험은 예정대로 잘 진행이 되었습니다. 윤리 시험 시간이 돌아왔습니다.

시험 문제지를 받은 추기경은 놀라움을 감추지 못했습니다.

'아!'

시험 문제는 이랬습니다.

'일본 황국의 신민으로서의 소감을 적으라.'

추기경의 두 손이 부들부들 떨렸습니다. 다른 학생들은 아무렇지도 않게 답을 적어 가기 시작했습니다. 추기경은 고민 끝에 답을 적어 냈습니다.

다음 날 학교는 발칵 뒤집혔습니다. 교장실에서 직접 김수환 추기경을 불러냈습니다.

"대체, 이게 뭔가? 자네 큰일 날 학생이야."

"그게 어때서 그러십니까? 저는 제 생각을 소신껏 적었을 뿐입니다."

"아니, 반성하는 빛도 보이지 않고 이게 뭐야!"

그리곤 뺨을 때렸습니다.

추기경의 답안은 이랬습니다.

'나는 황국신민이 아니다. 그러니 아무 소감이 없다.'

이제 추기경은 학교에서 퇴학당할 일만 남았습니다. 추기경은 방학이 되어 집으로 내려갔습니다. 하루 이틀이 지나가면서 초조해졌습니다.

'어쩌지? 어머니가 아시면 크게 놀라실 텐데.'

드디어 학교에서 연락이 왔습니다. 급히 추기경은 서울로 올라갔습니다. 주교가 그를 기다리고 있었습니다.

"자네 이야기는 잘 들었네. 더 이상 문제 삼지 않기로 했어."

뜻밖이었습니다.

"……."

"계속 공부를 하고 나서 일본으로 유학을 가 보게. 자네 같은 젊은 이가 일본을 잘 알아야 하지 않겠나?"

청년 때 김수환 추기경의 민족의식은 남달랐습니다. 나라를 사랑하는 마음은 해방 후에도 이어졌습니다. 추기경은 불의한 위정자에게 비판을 서슴지 않았고, 모두가 더불어 행복하게 사는 나라를 꿈꾸었습니다.

가톨릭 신문사

김수환 추기경은 독일 유학에서 돌아온 후 현재의 가톨릭 신문사에서 일했습니다. 지금과 달리 그때 신문사의 상황은 아주 좋지 않았습니다. 신문사 사장을 맡았던 추기경이 직접 모든 일을 도맡아 해야 할 정도였습니다.

"바티칸에 대한 기사는 모두 여기로 보내 주세요."

추기경은 전화기를 붙들고 말했습니다.

"그나저나 그 많은 기사들은 어디에 쓰려고 그러십니까? 가톨릭 신문의 지면도 많지 않은 걸로 아는데요. 게다가 따로 번역 직원도 없는 걸로 아는데요."

"그렇지 않습니다. 지금 한국의 가톨릭은 빠짐없이 바티칸의 소식을 접해야 합니다. 그래야 발전할 수 있습니다. 번역은 내가 직접 해야지요."

나를 밟고, 그 다음 신부와 수녀들을 밟고 지나가십시오

"사장님이 직접 하신다고요?"

"그렇습니다."

추기경은 수화기를 내려놓자마자 쓰고 있던 사설을 써 나갔습니다.

"현재 정부는 국민의 알 권리를 빼앗고 자유로운 언로를 차단하고 있으며…… 교회는 이에 대해 가만히 묵과하지 않을 것이다. 민중과 함께 해야 하는 것은 진정한 교회의 길이다."

추기경은 사회 현실에 대한 비판적인 사설을 자주 썼습니다. 추기경은 사회와 어려운 처지에 있는 사람들에 대한 관심을 지속적으로 가졌습니다.

이 때문에 문제가 생기기도 했습니다.

"사장님, 이런 사설은 좀 위험하지 않을까요?"

"뭐가?"

"요즘 정부가 언론을 통제하고 있습니다. 섣불리 비판적인 사설을 발표했다간 안기부에서 가만히 있지 않을 겁니다."

"자네, 나를 걱정하는 마음은 이해하네만 난 이것을 포기할 수 없네. 종교인으로서의 양심에 따라서 하는 일이기 때문이야. 하느님이 내려다보시지 않는가?"

이처럼 추기경은 소신을 갖고 사설을 쓰면서, 열정적으로 신문사를 운영했습니다. 그렇지만 신문사의 사정은 나아지지 않았습니다. 그래서 추기경은 직접 인쇄소에 가기도 하고 수금을 하기도 했습니다.

이뿐만 아니라 추기경은 적은 월급밖에 줄 수 없는 직원이 안쓰러운 적이 한두 번이 아니었습니다. 그때마다 추기경은 자신의 월급을 덜어 직원에게 주기도 했습니다. 그 속에서도 추기경은 강한 믿음이 있었습니다.

'지금은 가톨릭 신문을 구독하는 사람이 적지만 앞으로는 구독자가 많아질 거야. 내가 거름이 됨으로써 가톨릭 신문사는 가톨릭 신자들에게 소중한 언론이 될 거야.'

이런 노력 끝에 가톨릭 신문사는 지금처럼 많은 신자들의 사랑을 받을 수 있게 되었습니다.

김수환 추기경은 가톨릭 신문사 시절 일인다역을 했습니다. 그 당시 사회에 대한 비판적인 사설을 썼습니다. 추기경은 불의 앞에 굴복하지 않는 실천하는 종교인이었습니다.

나를 밟고, 그 다음 신부와 수녀들을 밟고 지나가십시오

세상을 놀라게 한 라디오 생방송

성탄절이 가까워 오는 1971년 겨울이었습니다. 명동 거리에도 흥겨운 캐럴과 오색찬란한 트리 장식이 다가오는 크리스마스를 알려 주고 있었습니다. 사람들의 발길도 이때만큼은 그 어느 때보다도 경쾌했습니다.

하지만 김수환 추기경의 마음은 어둡기 그지없었습니다.

'아, 이 나라의 앞날이 어떻게 되는 건가?'

추기경이 근심에 빠진 것은 나라의 정치 때문이었습니다. 당시는 박정희 대통령이 정권을 잡고 있었습니다. 박정희 대통령은 초기에는 좋은 뜻을 갖고 정치를 했습니다. 하지만 시간이 지나면서 본래의 정권욕을 드러냈습니다.

'헌법의 규정대로 대통령직을 그만두면 좋으련만. 그렇게만 된다면 존경받는 대통령으로 남을 수도 있으련만.'

박정희 대통령은 마음대로 헌법을 고쳐 장기 집권의 야욕을 드러냈습니다. 그에 반대하는 정치인과 대학생 그리고 시민을 마구잡이로 잡아들였습니다. 시민들의 데모가 끊이지 않았습니다.

"독재정권 타도한다. 박정희 대통령은 물러나라!"

연일 이어지는 데모로 나라 안은 어수선했습니다. 그런 끝에 대통령은 강제로 대통령에게 비상대권을 부여하는 법안을 의결하도록 요구하기에 이르렀습니다. 상황이 날로 심각해지자 김수환 추기경은 박정희 대통령에게 진심을 전달하려고 애썼습니다.

"비서실장님, 꼭 대통령과 면담을 성사시켜 주십시오. 이건 이 나라의 앞날이 달린 중대한 일입니다."

"추기경님의 나라를 걱정하는 마음을 저도 잘 이해합니다. 하지만 저도 어쩔 도리가 없습니다. 워낙 대통령의 의지가 강해서요."

추기경은 온갖 수단을 동원했지만 대통령에게 민심을 전달할 수 없었습니다. 그럴 때 추기경에게 기회가 찾아왔습니다. 그해 자정 미사를 라디오 생방송으로 하기로 되었던 것입니다.

'그래, 그 방법밖에 없어. 내가 하는 수밖에 없어.'

자정 미사 라디오 생방송 시간이 되었습니다. 추기경은 간곡하게 기도를 올리고 나서, 준비해 온 원고를 읽기 시작했습니다.

"정부와 여당에 묻습니다. 비상대권을 대통령에게 주는 것이 나라를 위해서 유익한 일입니까? 현재 대통령에게는 막강한 권력이 주어져 있습니다. 그런데 이 법을 또 만들면 어떻게 되겠습니까? 그렇게 되면 국

민과의 일치를 깨고, 나아가 국가안보에 위협을 주고, 평화에 해를 줄
것입니다……"
　생방송이 이 나라 방방곡곡에 전해졌습니다. 전 국민들은 속으로
환호성을 질렀습니다. 이때 생방송을 듣던 박정희 대통령이 방송중
지를 지시했습니다. 하지만 김수환 추기경의 준비한 원고는 모두 생
방송으로 전해졌습니다.

김수환 추기경은 나라와 국민을 위해 자신의 안위를 돌보지 않았습니다. 오로
지 이 나라의 민주주의와 평화만을 걱정했습니다. 하지만 갑작스럽게 박정희
대통령이 운명을 달리하자 그를 위해 미사를 집전했습니다.

용서를 받아들인 시인

'용서(容恕)'의 뜻을 아십니까? 용서는 죄나 잘못한 일을 꾸짖거나 벌하지 않고 덮어 주는 것을 말합니다. '용서하라', '용서해야 돼'라는 말은 자주 들을 수 있습니다. 하지만 말처럼 쉽게 행동에 옮길 수 없는 게 용서입니다.

김수환 추기경은 김지하 시인에게 '용서'를 강조했습니다.

"용서해야 하네. 진정으로 그의 죄를 껴안아야 하네. 그것이 사랑이네."

병으로 몸과 마음이 피폐해진 시인이 말했습니다.

"아니, 어떻게 용서할 수 있습니까? 그건 말도 안 됩니다. 민주주의의 정신을 파괴하는 독재자를 용서하는 건 상상도 할 수 없습니다. 그는 무고한 사람을 잡아가 고문했습니다."

시인은 박정희 독재정권에 의해 투옥되어 온갖 고문을 당했습니다. 그는 독재정권을 비판하는 시를 발표했다가 가시밭길을 걸어가게 되었습니다. 그는 원한에 사로잡혀 있었습니다.

'그 독재자를 반드시 처단해야 돼. 내 두 손으로 그를 끌어낼 거야.'

그런 끝에 시인은 중병에 걸려 병원에 입원하게 되었습니다. 추기경은 병문안 차 시인을 찾아왔습니다.

"원한에 사로잡힐수록 더 건강이 안 좋아질 뿐이네. 용서의 마음을 가져야 해."

"추기경님도 독재자의 잘못을 잘 아시잖습니까? 추기경님도 공개적으로 그를 비판하지 않았습니까? 그런데 저보고 그를 용서하라니요?"

추기경이 말했습니다.

"나는 그의 잘못을 낱낱이 비판한 것이지 그를 미워한 것은 아니네. 그 역시 한 사람일 뿐이네. 우리가 살아가면서 부지불식간에 많은 실수를 저지르듯이 그 역시 대통령이지만 여러 가지 잘못을 저지를 수 있는 걸세. 그의 잘못을 지적하고 비판하되, 그를 용서해 주어야 하네."

갑자기 시인은 고함을 지르며 말했습니다.

"절대 그럴 수 없습니다. 내가 당한 고통을 아십니까? 나에게 가해진 혹독한 고문들. 나는 매일 밤마다 그때 일이 떠올라 잠을 이룰 수 없습니다. 그는 악마의 화신입니다."

추기경은 그를 설득시키지 못하고 돌아왔습니다. 추기경의 마음이 무거웠습니다. 그런 가운데 시인을 위해 기도를 드렸습니다.

어느 날 전화가 왔습니다.

"추기경님, 김 시인이 모든 걸 용서했습니다. 고해성사를 보면서 그를 괴롭힌 모든 사람들을 다 용서했습니다."

시인은 몇 날 며칠을 용서의 문제로 번민을 거듭했습니다. 수녀와 주교의 끈질긴 설득 끝에 그는 오열을 터뜨리면서 용서의 문에 들어설 수 있었습니다.

추기경은 말했습니다.

"살면서 얼마나 많이 용서했느냐에 따라 하느님은 당신을 용서합니다. 살아서 당신이 다른 사람의 잘못을 한 가지 용서하면, 하느님은 당신의 잘못 두 가지를 용서합니다."

나를 밟고, 그 다음 신부와 수녀들을 밟고 지나가십시오

성당에 찾아온 여공들

평등은 비슷한 사람을 똑같이 대우하는 데 존재한다.

| 아리스토텔레스 Aristoteles |

지금은 '노조'라는 말을 자주 들을 수 있습니다. 웬만한 사업체에서라면 어디에나 노조가 결성되어야 하는 것으로 알고 있습니다. 하지만 30여 년 전만 해도 사정이 달랐습니다.

'노조' 하면 회사를 망하게 하는 집단이라거나 북한의 사주를 받은 빨갱이로 여겼습니다. 정부와 경찰들은 기업주의 편에서 노조원들에게 위협을 주었습니다.

1970년대 말, 화창한 오월이었습니다. 김수환 추기경에게 급한 전갈이 날아들었습니다.

"추기경님, 지금 강화 본당에 여공들이 농성을 벌인다고 합니다."

"아니, 무슨 일이 생긴 건가?"

비서 신부가 말했습니다.

"회사가 노조에 가입한 여공들에게 강제로 탈퇴를 종용한답니다.

노조 간부는 해고를 시켰다고 하고 심지어 폭력배를 동원해서 무력을 행사한다고 합니다.”

추기경이 놀라움을 감추지 못했습니다.

“어떻게 그런 일이 있을 수 있단 말인가? 여공들도 우리와 같은 사람인데 마땅히 사람으로서 존중을 해 주어야 하지. 힘없는 여공이라고 노동력을 착취해서는 안 되지.”

추기경은 자리에서 일어나 인천으로 향했습니다. 강화 본당에 도착하자 주임 신부가 맞이했습니다.

“연락도 없으시고 어떻게 오셨습니까, 추기경님.”

“일이 급해서 그렇지. 여공들은 다친 데 없나? 자네는?”

“네, 여기 성당 안은 안전합니다.”

그간 주임 신부는 가난하고 힘없는 여공의 편이 되어 적극적으로 노조 설립을 도와주었습니다. 그 과정에서 회사와 한통속이 된 경찰 그리고 폭력배들로부터 갖은 위협을 당하고 있었습니다.

여공들이 추기경을 알아보고 눈물을 지었습니다.

“추기경님, 도와주세요. 흑흑.”

“너무 억울해요. 저희는 인간답게 살 최소한의 권리를 지키려고 한 것뿐이에요.”

“맞아요. 저희도 사장이랑 똑같은 인간이잖아요? 근데 우리를 소나 돼지처럼 취급하는 거예요. 얼마 전에 친구가 과로로 쓰러져서 병원에 갔는데 폐렴에 걸렸대요. 지금 친구는 병원비가 없어서 그냥

집에서 변변히 약도 못 먹고 누워 지내고 있어요. 친구가 어떻게 될지 너무 무서워요. 흑흑."

추기경은 몹시 가슴이 아팠습니다. 그 후 추기경은 여러 방면으로 노동자의 권익을 보장하기 위해 노력을 기울였습니다. 그런 끝에 가까스로 노력의 결실을 얻을 수 있었습니다. 당시 해직됐던 여공들은 복직을 할 수 있었습니다.

추기경은 말했습니다.

"저는 강도에게 가진 것을 빼앗기고 두들겨 맞은 사람을 도와준 사마리아인처럼 노동자를 도와줄 뿐입니다."

김수환 추기경은 당시 여러 명의 주교와 함께 성명서를 발표했습니다. 성명서에는 교회는 사회정의를 가르칠 의무와 권리가 있다고 했습니다. 추기경은 노동자의 권익을 옹호하는 데 누구보다 앞장섰습니다.

나를 밟고 지나가십시오

국가는 좋은 생활을 위해서 존재하지, 생활만을 위해서 존재하지 않는다.

| 아리스토텔레스 Aristoteles |

1980년대 우리나라에서는 연일 데모가 끊이지 않았습니다. 군인 전두환이 정권을 잡으면서 전국적으로 군부독재를 반대하는 목소리가 거셌습니다.

"군부독재 타도!"

"광주학살 원흉 처단하라!"

"민주주의 쟁취하자!"

김수환 추기경이 있는 명동성당 근처도 마찬가지였습니다. 하루가 멀다 하고 최루탄이 터졌고 거친 고함과 비명이 요란했습니다. 마침 명동 근처에 있던 시위학생들이 경찰에 쫓기게 되었습니다. 하지만 많은 수의 학생들이 숨을 만한 곳이 없었습니다.

그때 학생들이 명동성당 안으로 들어가기 시작했습니다.

"추기경님이 있는 곳인데 설마 이곳까지 백골단이 들어오진 못하겠지?"

"어떡해? 경찰들이 성당을 완전히 포위했어."

학생들은 막상 성당 안으로 들어왔지만 신변을 장담할 수 없었습니다. 그런 가운데 학생들은 성당 안쪽으로 들어가 농성을 하기 시작했습니다.

추기경이 이 사실을 알고 걱정했습니다.

'이 일을 어쩌나? 학생들이 다치면 안 되는데……'

추기경은 성당 문을 굳게 닫고 학생들을 보호하려고 했습니다. 그러자 경찰 쪽에서 연락이 왔습니다.

"추기경님, 학생들을 밖으로 내보네세요. 성당 문을 열어 주시든지요."

추기경이 말했습니다.

"무고한 학생들을 잡아갈 것이 뻔한데 그건 절대 할 수 없어요."

경찰은 아무리 해도 추기경을 설득할 수 없었습니다.

"이번에 대학생이 고문으로 죽은 사건은 너무나 가슴 아픈 일입니다. 어떻게 민주주의 사회에서 그런 일이 있을 수 있습니까? 같은 대학생의 죽음을 목도한 수많은 대학생들이 들고 일어서는 건 너무나 당연하지 않습니까?"

"추기경님이 사태를 너무 한쪽으로만 보시는 겁니다. 지금 국가 안보가 극히 위태로운 상황입니다. 하루 빨리 사회에 안정을 되찾아야 합니다."

추기경은 단호했습니다. 조금의 양보도 없었습니다. 경찰은 최후의 통첩을 보냈습니다.

"하루의 시간을 드리겠습니다. 그 시간 안에 학생들을 내보내지 않으면 경찰이 안으로 들어갑니다."

성당 안은 쥐죽은 듯한 정적이 감돌았습니다. 추기경은 잠들지 못하고 학생들을 살펴보고 또 기도를 드렸습니다. 그러고 나서 추기경은 경찰에 통보했습니다.

"경찰이 성당에 들어오면 제일 먼저 나를 만나게 될 것입니다. 그 다음 시한부 농성 중인 신부들을 보게 될 것입니다. 또 그 신부들 뒤에는 수녀들이 있습니다. 당신들이 찾는 학생들은 수녀들 뒤에 있습니다. 학생들을 체포하려거든 나를 밟고, 그 다음 신부와 수녀들을

나를 밟고, 그 다음 신부와 수녀들을 밟고 지나가십시오

125

밟고 지나가십시오."

그 후 약속한 시간이 지났습니다. 하지만 경찰은 성당 안으로 한 발짝도 내밀지 못했습니다.

김수환 추기경은 경찰의 위협에도 불구하고 자신을 돌보지 않고 학생들을 보호해 주었습니다. 또한 추기경 덕에 학생들이 모두 안전히 귀가할 수 있었습니다. 이와 함께 민주주의를 수호할 수 있었습니다.

전두환과의 면담

우리 근현대사에서 잊지 못할 사건이 있습니다. 1980년 광주 민주화 운동입니다. 이 사건이 발생했을 때만 해도 언론은 군사 정권의 압력 때문에 진실을 알리지 못했습니다.

한 해 전에 쿠데타로 정권을 잡은 전두환은 강압적인 통치를 했습니다. 이 과정에서 학생과 시민들은 민주주의 수호를 외쳤습니다. 하지만 전두환은 무고한 학생과 시민들에게 발포 명령을 내렸습니다.

김수환 추기경은 언론 통제에도 불구하고 이 사실을 속속들이 알고 있었습니다.

'아, 나라가 어떻게 되어 가는가? 군인들이 적도 아닌 선량한 학생, 시민들에게 총을 쏘다니…….'

추기경은 눈앞이 캄캄했습니다.

'이제 독재정권이 사라지고 진정한 민주주의 시대가 오는가 했는데, 절망적이야.'

추기경은 미군 장성을 만나보고 사태를 해결해 보려고 애썼습니다. 하지만 그것도 쉽지 않았습니다. 결국 추기경은 전두환과의 면담을 요구했습니다.

얼마 후 추기경은 전두환과 자리를 같이할 수 있었습니다.

"광주에서 일어난 일을 소상히 알고 있습니다."

"……"

"무고한 학생과 시민들이 피를 흘리고 있다고 합니다. 이게 대체 무슨 일입니까?"

전두환은 걸려 온 전화를 받았습니다.

"빨갱이들을 한 명도 남겨 놓지 말고 깡그리 잡아들여."

전두환은 전화를 끊고 나서 말했습니다.

"나는 대통령으로서 이 나라의 안보와 평화를 지키고 있을 뿐입니다. 지금 광주에는 북한의 사주를 받은 좌익세력들이 헌정질서를 파괴하려고 하고 있습니다. 빨갱이에게 대화와 협상이란 있을 수 없습니다. 악질적인 빨갱이들은 총칼로 다스려야 합니다."

추기경은 놀란 눈을 크게 떴습니다.

"뭐라고요? 빨갱이라고 하셨습니까? 아니, 민주주의를 외치는 선량한 학생, 시민이 빨갱이란 말입니까? 그럼 나도 빨갱이겠네요. 나도 민주주의를 위해 누구보다 앞장서 왔던 사람이잖습니까?"

전두환이 심기가 불편했습니다.

"추기경님, 종교인은 본래의 종교의 세계로 돌아가 주십시오. 엄연히 정치와 종교는 분리되어야 하지요."

그러나 추기경의 말은 단호했습니다.

"사회의 약자 편이 되어야 하고, 불의를 비판해야 하는 게 종교인의 자세입니다. 나는 종교인으로서의 소임을 다할 뿐입니다."

이날 추기경은 끈질긴 설득을 벌였습니다. 그런 끝에 사형 선고를 받았던 민주인사 몇 명을 감형시킬 수 있었습니다.

김수환 추기경은 우리나라의 민주화에 커다란 기여를 했습니다. 역사적인 현장 한가운데에서 추기경은 정의와 민주주의를 설파했습니다. 한 나라의 최고 통치권자도 추기경의 발언에 굴복할 수밖에 없었습니다.

김대중 전 대통령과의 옥중 면회

'법률 앞에서의 평등'은 '신 앞에서의 평등'이라는 표현을
정치적인 용어로 번역한 것이다.

| 빅토르 위고 Victor Marie Hugo |

김수환 추기경은 전국의 교도소를 자주 찾아갔습니다. 그 가운데는
정치범들이 적지 않습니다. 정치범은 말 그대로 정치와 관련된 범죄
를 저지른 사람을 말합니다. 추기경은 특히 독재정권에 의해 부당하
게 감옥에 갇힌 그들을 찾아가 위로해 주었습니다.

이 과정에서 추기경은 옥중에 있는 김대중 전 대통령을 면회하게
되었습니다.

"고생이 많습니다. 건강은 괜찮으신가요?"

추기경이 김대중 전 대통령을 걱정해 주었습니다. 한 다리가 불편
했던 김대중 전 대통령은 단호한 표정을 지었습니다.

"나라가 이 지경이 됐는데 내 한 몸 편할 수야 없지요. 저보다 이
나라의 건강을 걱정해야 하지요."

김대중 전 대통령은 민주화운동을 벌이는 과정에서 수많은 고초

를 겪었습니다. 한 번은 일본에서 납치되기도 했는데 그때의 후유증으로 한쪽 발을 절름거리게 되었습니다. 그런데도 김대중 대통령은 지팡이에 의지해 불편한 몸을 이끌고 민주화 투쟁의 현장에 나서곤 했습니다.

"독재 타도! 박정희 정권은 물러나라!"

김대중 전 대통령은 수많은 민주화 인사와 함께 거리에서 시위를 벌였습니다. 그러다가 투옥이 되었습니다. 김대중 전 대통령에게 내려진 죄목은 정부 전복 선동죄였습니다.

김대중 전 대통령이 말했습니다.

"추기경님은 다른 종교인들과 다를 줄 압니다. 종교인들이 지금 적극적으로 현실에 참여해야 합니다. 그래서 추락한 정의와 빼앗긴 인권을 다시금 정상으로 회복시켜야 합니다."

추기경이 김 전 대통령의 의연한 모습을 보고 감동을 받았습니다.

'죽을 고비를 여러 차례 넘기고도 민주화에 대한 집념을 잃지 않는구나. 이런 분이 국정을 운영한다면 이 나라의 민주주의가 더욱 발전될 수 있으련만……'

김대중 전 대통령은 계속해서 말했습니다.

"추기경님이 도와주십시오. 이 나라와 이 땅의 민중을 위해 발 벗고 나서야 합니다."

"물론이지요. 교회는 가난한 자, 버림받은 자, 병든 자의 벗이 되어야 하지요. 그것이 바로 교회의 존재 이유입니다. 당신의 바람대

로 우리 종교인들이 종파를 초월하여 민주주의의 수호에 앞장서야
하지요."

추기경은 더욱 민주주의를 위해 온몸을 던졌습니다. 이렇게 하여
명동은 민주주의의 본거지가 되었습니다. 한때 군사독재정권이 이
땅을 옭죄었을 때 명동성당은 정의와 인권을 옹호하고 대변하는 장
소가 되었습니다.

그 후 추기경의 바람대로 김대중 전 대통령은 이 나라의 최고 국정
운영자가 되었습니다. 이렇게 해서 이 나라의 민주화가 한 발 앞당
겨질 수 있었습니다.

김수환 추기경은 민주화 투사 시절의 전직 대통령을 격려해 주었습니다. 김대
중 전 대통령이 투옥됐을 때 직접 찾아가 힘을 보태어 주었습니다. 가톨릭 신
자인 김대중 전 대통령은 꿋꿋이 민주 투사의 길을 걸어갈 수 있었습니다.

지학순 주교를 풀어 주세요

도의가 무너진 사회에서 높은 자리에 앉고
부를 축적하는 것은 인자가 좋아할 일이 못된다.

| 묵자 墨子 |

김수환 추기경은 박정희 대통령과 담판을 한 적이 있습니다. 독재자 박정희 앞에서 바른 소리를 하기란 쉬운 일이 아닙니다. 더욱이 소신을 갖고 자기주장을 펼치기는 쉬운 일이 아닙니다.

추기경에게는 절친한 사이인 지학순 주교가 있습니다. 소신학교 시절 함께 공부를 하면서 우정을 이어 왔습니다. 지학순 주교는 원주 교구로 있으면서 샘터와 같은 역할을 해 왔습니다. 유명한 김지하 시인도 지학순 주교로부터 많은 영향을 받았습니다.

그런 지학순 주교가 민청학련사건으로 감옥에 갇히게 되었습니다.

이 소식을 접한 추기경은 가슴이 아팠습니다.

'어찌 이런 일이 일어날 수 있는가? 지학순 주교는 가난한 사람들, 어부, 광부들을 위해 평생을 바친 분인데. 그가 무슨 잘못을 했단 말인가?'

　도저히 가만있을 수 없던 추기경은 박정희 대통령과의 면담을 요청했습니다.

"꼭 대통령에게 전할 말이 있소."

　이렇게 해서 추기경은 대통령과 자리를 같이했습니다. 추기경은 곧바로 직언을 했습니다.

"지학순 주교는 아무런 잘못이 없습니다. 그런데 지학순 주교를 잡아들인 것은 돌이킬 수 없는 과오입니다. 눈이 있고 귀가 있는 국민들이 이 사실을 그대로 묵과하지 않을 것입니다. 어서 주교를 풀어 주십시오."

　박정희 대통령이 팔짱을 끼었습니다.

"추기경님, 내가 알기론 주교는 좌익 세력들과 함께 체제 전복을 꾀한다고 들었습니다. 그런 사람은 자유 민주주의 사회에 활보하도록 내버려 둘 수 없어요."

"그건 오해입니다. 어째서 가난한 사람들의 생존권을 위해 봉사하는 주교가 빨갱이가 될 수 있습니까? 절대 그건 아닙니다."

"무엇보다 종교는 종교 본래의 위치로 돌아가야 합니다. 이 시대는 정교분리의 시대입니다. 자꾸 종교가 정치에 간여를 하게 되면 문제가 커져요."

　추기경은 물러서지 않았습니다.

"원주 교구를 다녀온 어느 외국 신부가 말을 했습니다. 자신은 한국에서 참으로 뜻깊은 체험을 했다고 말입니다. 그 외국 신부는 원주에서 농민, 어부, 광부 들을 만나면서 지학순 주교의 사랑과 헌신을 느낄 수 있었다고 했습니다."

계속해서 지학순 주교의 석방을 요구했습니다. 그러자 박 대통령은 말했습니다.

"오늘은 그만 돌아가시지요. 추기경님의 말씀을 충분히 들었습니다."

이튿날이었습니다. 지학순 주교가 석방되어 세상으로 나왔습니다.

훗날 지학순 주교의 장례미사 때 추기경은 이렇게 말했습니다.

"……인간 지학순 다니엘의 70여 년에 걸친 긴 고난의 여정, 십자가의 길은 끝났습니다. …… 주님과 함께 죽으셨으니 주님과 함께 부활하실 것입니다."

김수환 추기경과 더불어 지학순 주교는 우리나라의 민주화를 앞당긴 주역입니다. 지학순 주교는 한때 군사정부로부터 빨갱이로 단죄받기도 했습니다. 하지만 지학순 주교의 이웃사랑과 정의 실현에 대한 의지를 꺾을 수 없었습니다.

금 모으기 행사

1998년은 이 나라의 경제가 극히 어려웠을 때입니다. IMF 구제 금융으로 겨우 이 나라의 경제가 유지되고 있었습니다. 하지만 언제 국가 도산의 사태가 벌어질지 아무도 알 수 없었습니다.

'어떻게 하다가 이 지경이 됐나? 위정자들이 진심으로 나라와 국민을 위하는 마음을 가져야 하는데 현실은 그렇지 못한 듯해. 경제인들 역시 자기들 이익에만 급급하는 자세를 버려야 하는데.'

김수환 추기경은 대량 해고로 인해 거리에 쏟아져 나온 직장인들을 보면서 걱정이 늘어 갔습니다.

'한창 직장에서 일해야 할 나이에 실직이 되면 어떡하나? 게다가 가정을 책임져야 할 가장들이 돈을 벌 수 없다면 또 가정은 어떻게 되나?'

시간이 갈수록 이 나라의 앞날은 예측할 수 없는 미궁으로 빠지는

듯했습니다. 그럴 즈음 전국적으로 나라의 경제를 살리자는 운동이
일어났습니다. 바로 '금 모으기 행사'였습니다. 추기경은 즉각적으
로 앞장섰습니다.

"우리 가톨릭이 먼저 나서야 합니다. 위태로운 경제를 살리는 데
가톨릭이 금 모으기에 솔선수범을 보입시다."

추기경의 강력한 권고에 많은 신자들이 부응했습니다.

"그래야죠? 가톨릭은 언제나 이 나라의 현실 속에서 함께해 왔으
니까요."

"나라를 구하는 데 앞장서지 않는다는 건 진정한 종교인의 자세라
고 할 수 없죠."

이렇게 해서 수많은 신자들을 비롯해 많은 시민들이 금 모으기 행
사에 동참하게 되었습니다. 명동 앞 금 모으기 행사장에는 직장인,
가정주부, 노인, 대학생에서 초등학생까지 많은 사람들이 모여들었
습니다. 사람들마다 손에 금붙이를 들고 있었습니다. 결혼 기념 반
지, 목걸이처럼 소중한 보석들도 있었습니다. 그 모습을 보면서 추
기경은 흐뭇해했습니다.

"역시 우리나라 사람들 애국심이 대단해. 평소에는 다들 자기 이
익만 쫓아가는 삶을 살아가는 것 같더니 나라 경제가 위태롭게 되자
다들 자기 일처럼 발 벗고 나서는군."

추기경은 금 모으기 행사장에서 사람들을 독려하고 있었습니다.
그러던 중에 김수환 추기경은 품에서 물건을 하나 꺼냈습니다.

"여기, 저도 금 모으기에 동참하겠어요."

그러면서 금으로 된 십자가를 행사 진행자에게 건넸습니다. 그때 금 모으기 행사에 참석했던 어느 불교 관계자가 말했습니다.

"이렇게 소중한 물건을 내셔도 되겠습니까? 이건 추기경님에게 아주 뜻깊은 물건으로 아는데요?"

그러자 추기경이 말했습니다.

"예수님은 우리를 위해 생명을 바치셨습니다. 그에 비하면 이것은 약과죠."

IMF 당시 우리나라는 곧 국가도산이 될 것 같은 위기에 휩싸였습니다. 이때 김수환 추기경은 불교계와 함께 손을 잡고 금 모으기 운동을 펼쳤습니다. 추기경은 자신에게 가장 소중한 예물을 나라를 위해 바쳤습니다.

감사
합니다
서로
사랑
하십시오

30년 운전기사와
가장 가까운 사이입니다

추기경의 목각 현판

김수환 추기경의 방 앞 복도에는 목각 현판이 있습니다. 추기경은
아침저녁으로 방문을 열 때마다 그것을 보면서 마음을 다잡았습니
다. 거기에는 다음의 시 한 편이 새겨져 있습니다.

말 한마디

부주의한 말 한마디가 싸움의 불씨가 되고
잔인한 말 한마디가 삶을 파괴합니다.
쓰디쓴 말 한마디가 증오의 씨를 뿌리고
무례한 말 한마디가 사랑의 불을 끕니다.
은혜스러운 말 한마디가 길을 평탄케 하고
즐거운 말 한마디가 하루를 빛나게 합니다.

때에 맞는 말 한마디가 긴장을 풀어 주고
사랑의 말 한마디가 축복을 줍니다.

추기경은 이 시를 매일 보면서 말의 소중함을 되새겨 왔습니다. 추기경은 평소 말했습니다.
"말을 많이 하면 필요 없는 말이 나옵니다. 양 귀로 많이 들으며 입은 세 번 생각하고 여십시오."

김수환 추기경은 평생 주변 사람들에게 은혜와 사랑의 말을 해 왔습니다. 말 한마디가 천 냥 빚을 갚기도 하지만 증오와 싸움의 씨앗이 되기도 합니다. 말을 부리지 말고 말을 섬기는 자세를 가져야 하겠습니다.

'티코' 탄 추기경

김수환 추기경은 평생 소박하게 살고자 했습니다. 미사를 비롯한 크고 작은 성당 행사 때에는 사제복을 입었지만 평소에는 면바지와 점퍼를 입고 사람들 앞에 나타나곤 했습니다. 면바지는 다림질을 안해 종종 쭈글쭈글했습니다.

하지만 추기경은 말했습니다.

"눈에 보이는 것보다 눈에 보이지 않는 것이 더 중요하지요."

어느 휴일이었습니다. 면바지와 점퍼 차림으로 가톨릭 회관 근처를 산책하고 있었습니다.

그때 명동성당에서 신부가 뛰어왔습니다.

"추기경님, 지금 외국 사절이 추기경님을 찾아와서 가 봐야 합니다."

추기경은 급히 명동성당으로 향했습니다. 추기경 곁에 있던 신부

는 시계를 보면서 초조해했습니다.

"여기서 아무리 늦어도 30분 안에는 출발을 해야 합니다. 운전기사를 불러야겠습니다."

추기경이 말했습니다.

"오늘 운전기사는 휴일이네. 휴일에는 나라고 함부로 할 수 없네."

그때 성당의 한편에 세워져 있던 소형차 티코가 눈에 들어왔습니다.

"저기, 저 차가 있으니 됐어. 저 차 주인에게 양해를 구해 보도록 하세."

"아니, 추기경님. 관용차 스텔라를 타고 가셔야죠."

"꼭 그럴 필요가 있나. 오늘은 사정이 있으니 그리하세나."

그렇게 해서 추기경은 일행과 함께 약속 장소를 가게 되었습니다. 얼마 후 약속 장소인 호텔 앞에 다다랐습니다. 그런데 문제가 생겼습니다.

"여기는 들어갈 수 없습니다. 오늘 행사에 초대된 귀빈들을 위한 주차장입니다."

호텔 안내인은 순전히 차만 보고 말했습니다. 차 안에 누가 타고 있는지도 살펴보지 않았습니다.

"여기, 추기경님이 타고 계세요."

호텔 안내인은 차 안으로 들여다봤습니다.

"아, 죄송합니다. 추기경님이 타고 계신 줄 몰랐습니다."

추기경은 생긋 미소를 지었습니다.

김수환 추기경은 허례허식을 싫어했으며 권위의식을 배격했습니다. 추기경은 평생 소박하고 소탈한 삶을 영위했습니다. 가장 낮은 자세로 세상을 올려다보는 삶을 실천했습니다.

오해

김수환 추기경이 박정희 대통령과 악수하는 모습이 신문에 실린 적이 있습니다. 청와대의 초청을 받은 추기경이 박정희 대통령과 악수를 하면서 허리를 굽히는 사진이었습니다.

그 사진을 보고 사람들이 놀라워했습니다.

"아니, 추기경이 독재자에게 허리를 굽히다니 이게 말이 됩니까?"

"저런, 추기경님이 이젠 변절의 길로 들어서는 게 아닌가요?"

이렇게 말들이 무성했습니다. 추기경은 들은 체 만 체했습니다. 그러다가 어느 신부들의 모임에 참석했을 때입니다.

"추기경님, 아무래도 이 점에 대해 설명해 주십시오."

"뭘 말인가?"

"요즘 신문에 실린 추기경님의 사진 때문에 말이 많습니다. 왜 독재자에게 허리를 굽히셨습니까?"

그러자 추기경이 말했습니다.

"아, 그것 말인가? 그것 대수로운 일이 아니야. 박 대통령과 나 하고 사이에 거리가 있었어. 그래서 대통령과 악수를 하려면 내가 자연히 허리를 굽힐 수밖에 없었지."

그제야 오해가 풀리게 되었습니다. 한 신부가 말했습니다.

"이왕에 사진에 나올 거면 좀 근사한 옷을 입고 가시지 그랬습니까?"

김수환 추기경은 정치인과 경제인, 학자가 독재자 박정희 대통령에게 굽실거릴 때 홀로 바른 소리를 했습니다. 군사 정부가 바티칸에 추기경이 추기경직을 그만두도록 건의를 할 정도였습니다. 바티칸은 용기 있는 추기경을 두둔하고 지원을 아끼지 않았습니다.

불면증

김수환 추기경은 오랫동안 잠을 잘 이룰 수 없었습니다. 하루는 추기경이 병원에 찾아갔습니다. 추기경은 잠이 부족했지만 밝은 표정이었습니다.

"추기경님, 어떤 일이십니까?"

"의사들도 고생 많이 하는 걸로 알고 있습니다. 이번 기회에 의사들에게도 도움을 줘 볼까 해서요."

"네?"

추기경은 웃음을 지었습니다.

"내가 진료를 받으면 의사가 돈을 벌지 않습니까? 하하."

"하하, 그야 그렇죠. 그러면 어디 안 좋은 데라도 있으십니까?"

추기경은 그제야 속 이야기를 내놓았습니다.

"믿기 힘드시겠지만 통 잠을 이룰 수 없었어요. 아무리 해도 안

돼서 여기로 오게 되었습니다. 의사 선생님의 도움을 받아 볼까 해서요."

의사는 평소대로 질문을 하고 검진을 했습니다. 몸에는 크게 이상이 없었습니다.

"추기경님, 건강은 괜찮으신데요."

"그야 그러겠죠. 하느님의 보호를 받고 있으니까요. 하하."

"혹시 고민거리라도 있으신가요?"

그러자 추기경이 속내를 털어놓았습니다.

"고민거리가 너무 많지요."

"……"

추기경이 말을 이었습니다.

"내가 걱정할 게 오죽 많습니까? 폭우가 쏟아지면 판잣집 사람들 걱정, 한겨울엔 추위에 떠는 달동네 사람들 걱정, 쌀값 떨어지면 농민 걱정이지요. 요즘엔 정치가 너무나 혼란스러워 나라의 앞날이 걱정이고, 감옥에 투옥된 민주인사들도 걱정이에요."

의사는 놀랄 수밖에 없었습니다.

"추기경님 그렇게 걱정이 많으시면 절대 잠을 이룰 수 없습니다."

그리고 나서 의사는 신경안정제를 조제해 주었습니다.

"약을 드셔 보십시오."

추기경은 그 약에 의지해 잠에 들곤 했습니다. 하지만 광주 민주화 운동이 벌어지거나, 경찰에 쫓긴 학생들이 명동성당에서 농성할 때는 아무 소용이 없었습니다. 추기경은 불의 앞에서 분을 참지 못했습니다.

점점 정부의 압력은 험악해졌고, 추기경의 사회적 발언에 대한 비판도 거세졌습니다. 이렇게 해서 추기경은 30여 년 편히 잠을 이룬 날이 없었다고 합니다.

김수환 추기경은 자신의 불면증을 솔직하게 고백했습니다. 존경받는 성직자가 불면증으로 약에 의지했다는 것은 부끄러운 일일 수도 있습니다. 하지만 추기경은 그 누구보다 나라의 앞날과 힘없고 약한 사람들을 걱정했습니다.

그런 소리를 자주 듣습니다

겸손은 육체의 양심이다.

| 발자크 Honore de Balzac |

김수환 추기경은 시간이 나는 대로 등산을 자주 했습니다. 명동성당 구내에는 테니스 코트가 있습니다. 원래 추기경은 이곳에서 땀을 흘리며 운동을 했습니다. 그런데 어느 날부터 테니스 코트 주위에 천막이 쳐졌습니다.

'철거민의 생존권을 보장하라'

이런 글귀가 적힌 깃발이 펄럭였습니다. 무단 철거로 인해 삶의 터전에서 내쫓긴 사람들이 임시로 기거하고 있었습니다.

추기경은 그들을 보면서 편히 테니스를 칠 수 없었습니다. 그래서 평소보다 더 자주 등산을 하게 되었습니다.

추기경이 등산할 때는 격식을 갖추지 않았습니다. 여러 신부들과 편한 복장으로 산에 오르곤 했습니다.

"야, 날씨가 아주 좋네."

"추기경님 덕에 바람도 쐬게 돼서 감사합니다."

"내 덕은 무슨, 자네들 스스로 원해서 온 걸."

추기경은 등산에 익숙해서인지 호흡이 일정했습니다. 일행들은 추기경과 일정한 거리를 유지하면서 정상을 향했습니다.

"추기경님, 테니스장은 그대로 두실 건가요?"

추기경이 이마의 땀을 닦았습니다.

"테니스장은 내가 독차지하는 곳이 아니지. 우리 모두의 것이지. 근데 테니스장을 가장 필요로 하는 사람들이 지금 거기 있는 것 아닌가?"

"네?"

"테니스장은 운동으로 필요로 하는 사람보다는 먹고살기 위해 필요한 사람들에게 더 유익하겠지. 그렇게 본다면, 테니스장은 철거민들의 것인 셈이지."

"그렇습니다만 미관상에도 좋지 않고요……."

"하느님이 우리를 미관상으로 판단하진 않겠지. 하하."

그때였습니다. 한 노파가 추기경 곁으로 다가왔습니다. 추기경은 등산모를 푹 눌러썼습니다.

"가만, 추기경님 아니신가요?"

추기경이 짐짓 시치미를 뗐습니다.

"실은 그런 소리를 자주 듣습니다."

"그러세요? 너무 닮으셨네요."

그리곤 노파는 아래쪽으로 내려갔습니다. 추기경은 자신을 내세우기를 꺼렸습니다. 추기경은 자신을 특별하게 여기지 않기를 바랐습니다.

김수환 추기경은 등산을 자주 했다고 합니다. 등산을 하다 보면 이내 많은 사람들이 추기경을 알아보게 되어 등산로가 마비될 지경이라 했습니다. 추기경은 소탈한 복장으로 자신을 감춘 채로 등산하기를 즐겼습니다.

살아 돌아온 아버지

김수환 추기경의 입가에는 항상 웃음이 떠나지 않았습니다. 추기경의 웃음은 주변 사람들을 편안하게 했습니다. 때때로 추기경은 주변 사람들을 웃겨서 즐겁게 하기도 했습니다.

어느 사제 서품식이었습니다. 행사는 숙연하게 진행되었습니다. 그 어느 때보다 신자들은 물론 추기경도 진지한 자세로 행사에 임했습니다.

새로 사제의 길에 들어서는 십여 명의 신부들은 초조한 빛을 감추지 못했습니다. 이제 곧 사제로 다시 태어날 젊은 청년들이 제단 위에 올라왔습니다.

추기경은 말했습니다.

"이제 새 신부들은 하느님에게 자신의 삶을 바쳤습니다. 여러분 새 신부들에게 박수를 쳐 주십시오."

그러자 수많은 신자들이 우레와 같은 박수를 쳤습니다.

"그리고 하느님에게 자신의 자식을 바친 부모님들이 있습니다. 이 분들 또한 훌륭하신 분이십니다. 이분들에게도 박수를 쳐 주십시오."

그러고 나서 추기경은 새 신부 한 명 한 명을 소개했습니다. 추기경은 준비된 원고를 읽어 내려갔습니다.

"…… 고향은 전라남도 목포이며, 부모는…… 학교는 ……."

이렇게 해서 여러 명의 신부 소개가 끝났습니다. 이제 또 다른 새 신부가 차례를 기다리고 있었습니다.

추기경이 그의 앞에 섰습니다.

"새 신부는 일찍 아버지를 여의고……."

그러면서 추기경의 시선이 제단 아래쪽으로 향했습니다. 그곳에는 새 신부의 부모가 있었습니다. 그런데 뜻밖의 일이 생겼습니다. 추기경이 읽은 원고의 내용과 달리 새 신부의 아버지가 자리를 지키고 있었던 것입니다. 아버지와 어머니가 다정한 모습으로 서품식을 지켜보고 있었습니다.

이 뜻밖의 일을 목도한 신자들과 신부들, 사회자는 순간적으로 긴장할 수밖에 없었습니다.

'아! 이런 낭패가.'

추기경은 원고의 내용이 잘못되었음을 알아차렸습니다. 하지만 이내 추기경은 미소를 짓는 얼굴로 말했습니다.

"여러분 기쁜 일이 생겼습니다. 돌아가셨던 새 신부의 아버지가 이렇게 살아 돌아왔습니다. 오늘의 행사를 축하해 주기 위해서 말입니다."

그 말이 끝나기 무섭게 신자들이며 신부들은 웃음을 터뜨렸습니다. 찬물을 끼얹은 듯한 분위기가 일시에 사라졌습니다.

김수환 추기경 하면 웃음을 떠올리지 않을 수 없습니다. 추기경은 웃는 연습을 생활화하라고 했습니다. 웃음은 만병의 예방약이며, 치료약이자, 노인을 젊게 하고 젊은이를 더욱 활기차게 만든다고 했습니다.

나는 두 가지 말을 잘합니다

인생에서 무엇보다 어려운 것은 거짓말하지 않으며 삶을 영위하는 일이다.

| 도스토예프스키 Fyodor Mikhailovich Dostoevskii |

김수환 추기경은 유학파 출신입니다. 일본과 독일에서 공부한 경력을 갖고 있습니다. 그래서인지 외국어 실력이 남달랐습니다.

한 번은 독일에서 온 신부가 예정에 없이 추기경을 찾아왔습니다.

"굿텐 탁."

추기경의 비서 신부는 당황했습니다. 영어는 의사소통에 지장이 없었지만 독일어는 전혀 알아듣지 못했습니다.

"이히……."

마침 독일어를 할 수 있는 비서 신부는 출장 중이었습니다. 그때 추기경이 나타났습니다.

"굿텐 탁."

그러고는 능숙하게 독일어를 했습니다. 추기경은 방문한 독일계 신부와 정답게 대화를 주고받았습니다. 이윽고 대화가 끝나자 추기

경은 그를 밖까지 배웅해 주었습니다.

예기치 못한 상황에 땀을 뻘뻘 흘리던 비서 신부가 말했습니다.

"추기경님은 외국어를 몇 개나 하십니까?"

추기경은 빙긋이 웃기만 했습니다.

"영어는 기본으로 하시고 일어에 독일어를 하시니 4개 국어를 하시지 않습니까?"

"하하. 별걸 갖고 그러네."

그러자 비서 신부가 물었습니다.

"어느 말을 가장 잘하십니까? 영어입니까? 아니, 일어인가요? 독일어도 꽤 유창하시던데. 참 라틴어도 잘하시죠?"

"자네 집요한 구석이 있구먼."

추기경은 비서 신부와 마주 앉았습니다.

"그래, 정 궁금하면 대답을 해 주겠네. 어느 말을 제일 잘하냐고 물었지?"

"네."

추기경이 미소 띤 얼굴로 말했습니다.

"내가 제일 잘하는 말은 영어도 일어도 독어도 아니야."

"네? 그러면……."

추기경이 비서 신부를 바라보며 말했습니다.

"내가 가장 잘하는 말은 두 개야. 첫 번째 잘하는 말은 거짓말일세. 두 번째 잘하는 말은 참말일세. 하하."

비서 신부는 웃음을 지었습니다.

김수환 추기경은 자신의 삶과 믿음에 대해 조금의 과장도 하지 않았습니다. 한 동화작가가 추기경의 일생을 동화로 쓰고 싶다고 했을 때 추기경은 말했습니다. "동화 속에 잘 그려진 내가 진정한 내 모습이 아닐까 두렵습니다."

감사합니다 서로 사랑하십시오

빗자루를 든 추기경

햇살이 좋은 어느 봄날이었습니다. 오랜만의 화창한 날씨로 서울대 교구청은 대청소를 했습니다. 신부와 수녀 그리고 관리자 모두 소매를 걷어붙였습니다. 지난겨울 습기 찬 물건들도 모두 마당에 꺼내 놓고 햇볕을 쬐었습니다.

이때 교구청에 한 사람이 방문했습니다. 그는 마당을 가로질러 가다가 한 사람을 발견했습니다. 간편한 면바지를 입은 그 사람은 열심히 빗자루질을 하고 있었습니다.

"여기, 말 좀 묻겠습니다."

그러자 빗자루질을 하던 사람이 고개를 돌렸습니다.

'아!'

방문객은 입이 벌어졌습니다. 빗자루를 손에 든 사람은 바로 김수환 추기경이었습니다.

"추기경님도 청소를 하시나요?"

그러자 추기경이 미소 띤 얼굴로 대답했습니다.

"내 집인데 당연하죠."

김수환 추기경은 높은 신분에도 불구하고 항상 평범하게 행동했습니다. 특별한 대접을 원치 않았습니다. 추기경이 빗자루를 들고 청소하는 모습은 너무나 자연스러워 보입니다.

만인의 연인

김수환 추기경을 잘 아는 신자들이 모여서 이야기보따리를 풀어놓았습니다. 한 신자가 입을 열었습니다.

"내가 그렇게 걱정을 끼쳐 드렸는데도 추기경님이 저를 위해 기도를 했다고 해요. 추기경님은 저를 유독 사랑하시는 것 같아요."

아들을 입양한 다른 신자가 말했습니다.

"우리 아들한테도 관심을 많이 가지고 계셔요. 추기경님이 우리 아들을 얼마나 사랑하시던지. 전에 내가 아들을 데리고 가니까 그렇게 좋아하시더라고요."

또 다른 신자가 말했습니다.

"저에겐 전화를 주신 적도 있어요. 오래전의 일도 기억을 하시더라고요. 얼마나 감사한지 몰라요."

그러자 한 신자가 말했습니다.

"이해인 수녀가 추기경님을 '만인의 연인'이라고 하셨죠. 왜 그런지 여러분 잘 아시죠?"

다들 고개를 끄덕였습니다.

김수환 추기경은 모든 신자들로부터 존경과 사랑을 받아왔습니다. 추기경은 '영원한 오빠'로 불리기도 했습니다. 추기경은 특정한 사람들 몇몇만이 아니라 모든 사람들의 가슴을 껴안고자 했습니다.

나는 죄인입니다

김수환 추기경과 일본 유학시절을 함께 보낸 노철학자가 있습니다.
2년 선배인 그는 추기경을 이렇게 기억합니다.

"추기경은 말수가 적고 생각이 깊었어요."

노철학자는 강단에서 학생들을 평생 가르치다가 은퇴했습니다.
추기경은 한국 가톨릭의 최고 높은 위치에서 열정적으로 믿음과 사
랑을 펼쳤습니다. 시간이 흐르자 추기경은 보통 사람과는 다른 성스
러운 인물로 여겨졌고 많은 사람들로부터 존경을 받았습니다.

어느 날 노철학자가 추기경을 만났습니다. 2년 선배이긴 하지만
긴장이 되었습니다.

"그동안 잘 지내셨습니까?"

노철학자가 깍듯이 말했습니다.

"편하게 말씀하세요. 저는 추기경이기 전에 죄인일 뿐입니다."

30년 운전기사와 가장 가까운 사이입니다

이렇게 해서 노철학자는 추기경과 격의 없는 대화를 할 수 있었습니다. 노철학자는 추기경의 꾸밈없는 겸손에 고개가 숙여졌습니다.

노철학자는 유명한 김형석 전 연세대 교수입니다. 실제로 노철학자는 김수환 추기경의 선배로 일본 상지대 유학 생활을 했습니다. 세월이 지났어도 추기경은 노철학자를 선배로 깍듯이 예우해 주었습니다.

감사합니다 서로 사랑하십시오

미사예물

김수환 추기경이 젊은 사제들과 오찬을 함께할 때였습니다. 한 신부가 음식을 들고 나서 물었습니다.

"추기경님은 모든 예물이 다 똑같으시지요?"

추기경이 말했습니다.

"어째서 그렇게 생각합니까?"

그러자 신부들이 궁금한 표정을 지었습니다.

"……."

한 신부가 물었습니다.

"무슨 말씀이신가요?"

추기경이 웃음을 지으며 말했습니다.

"난 미사예물을 받을 때 조금이라도 두툼한 것에 관심이 많이 가요. 어떨 때는 미사예물을 나도 모르게 만지기도 한답니다. 하하."

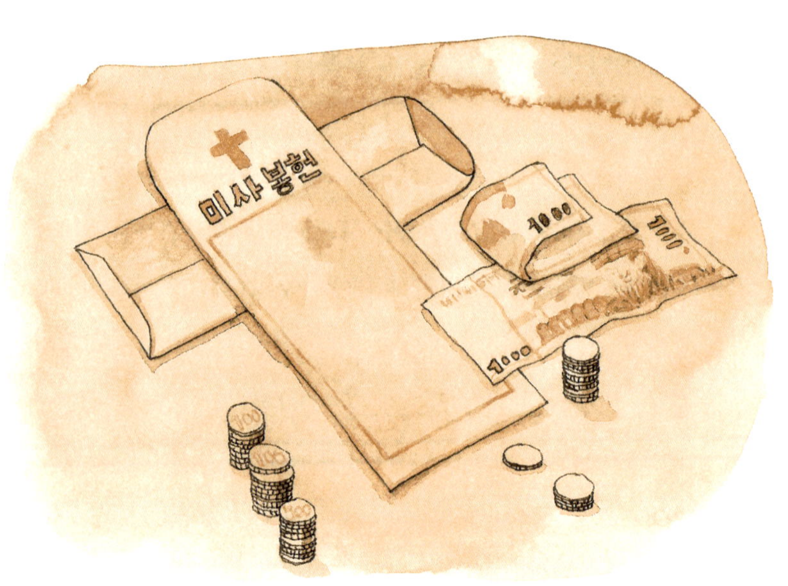

젊은 신부들도 함께 웃었습니다.

김수환 추기경은 물질에 욕심이 없었습니다. 추기경은 성당의 예물과 자신에게 전해지는 후원금은 남김없이 가난하고 병든 사람들을 위해 썼습니다. 추기경이 선종하고 나자 오히려 빚이 생길 정도였다고 합니다.

감사합니다 서로 사랑하십시오

삶은 계란

김수환 추기경이 어느 강연에서 말했습니다.

"어떤 사람이 삶이 무엇인지 자나 깨나 생각했습니다. 아무리 해도 답이 나오지 않았습니다. 그러자 이 사람이 바람을 쐴 겸 기차를 탔습니다. 기차 안에서 이 사람은 다시 삶은 무엇인지 생각에 빠졌습니다. 그때였지요. 우연하게 그 답이 나왔습니다. 계란 장수가 지나가면서 말했습니다. '삶은 계란!' '삶은 계란!'"

김수환 추기경의 유머와 재치는 정평이 나 있습니다. 복잡하고 어려운 문제를 이렇게 재미있게 말하여 주변 사람들을 웃기게 하곤 했습니다. 삶의 의미는 추상적이고 고차원적인 데서 찾을 게 아니라 우리의 주변에서 찾을 수 있겠지요?

30년 운전기사와 가장 가까운 사이입니다

추기경의 화상 채팅

열정 없이 이루어진 것은 이 세상에 아무것도 없다.

| 헤겔 Georg Wilhelm Friedrich Hegel |

김수환 추기경이 유명 프로 게이머와 화상 채팅을 하게 되었습니다. 최근 사이버 문화의 부작용이 여기저기서 발생하고 있었습니다. 이를 걱정하던 추기경은 프로 게이머와 사이버 대화 시간을 갖고, 이를 널리 홍보하기로 했습니다.

"유명한 게이머라면서요?"

"저보다 추기경님이 훨씬 유명하시죠."

추기경이 준비했던 질문을 던졌습니다.

"게임을 잘한다고 하던데. 공부도 열심히 하죠?"

"네. 물론입니다. 공부도 할 때는 집중해서 열심히 하죠."

"게임 중독에 걸릴 염려는 없겠네요?"

프로게이머가 말했습니다.

"전 직업으로 하는 거잖아요? 보통 학생들은 절대 게임에 중독되

면 안 되죠. 내 진로가 게임이긴 해도 게임할 때와 안 할 때를 철저
히 구분하고 있어요. 그래야 일상생활에 지장이 없으니까요. 학생은
학생으로서 해야 할 공부는 반드시 해야 한다고 생각합니다."

"나하고 생각이 같군요. 우리 이럴 게 아니라 이번 주말에 번개를
할까요? 차를 마시면서 대화를 하고 싶어요."

"네? 하하. 추기경님과 번개라면 영광이죠. 언제든 말씀만 하세요."

김수환 추기경은 홈페이지 관리에 많은 신경을 기울였습니다. 직접 게시판에
답글을 올리기도 했습니다. 주변에서 무리하지 말라고 할 정도로 추기경은 많
은 사람들과 만나서 대화하기를 원했습니다.

세상에서 제일 멋진 옷

김수환 추기경이 선종할 때 입은 제의가 있습니다. 이 옷은 어느 유학파 패션 디자이너가 손수 제작한 것입니다. 그 패션 디자이너가 유학 생활을 하고 한국에 돌아왔을 때였습니다.

그 디자이너는 가톨릭에서 봉사활동을 하고자 했습니다.

"추기경님, 남에게 도움이 되고 싶습니다."

추기경이 말했습니다.

"당신은 패션을 공부하셨군요. 그러면 패션으로 도움을 주실 수 있을 겁니다."

이렇게 해서 패션 디자이너는 교회에 쓰이는 옷을 제작했습니다. 그의 손길이 간 옷은 여러 곳에서 쓰였습니다.

패션 디자이너가 제작한 제의를 추기경에게 드릴 때였습니다. 추기경은 그 옷을 무척 좋아했습니다.

"세상에서 제일 멋진 옷은 성직자의 옷이야."

유학파 패션 디자이너는 몸이 불편한 여성이었습니다. 유학 시절 신앙을 갖게 되고 나서 남을 위해 봉사하는 삶을 살기로 했던 것입니다. 그녀가 제작한 제의는 그 어느 옷보다 아름다운 옷임에 틀림이 없습니다.

30년 운전기사와 가장 가까운 사이입니다

추기경의 반찬 투정

소박한 음식을 먹고 검소하게 생활하는 사람의 마음은 맑다.

| 채근담 菜根譚 |

김수환 추기경의 신앙의 중심은 언제나 인간, 그 자체였습니다. 추기경은 시간이 날 때마다 행려자 보호시설과 나환우촌 그리고 빈민촌, 탄광촌을 방문했습니다. 이뿐만 아니라 예수님의 길을 걸어가는 수녀원에도 자주 들렀습니다.

언젠가 추기경이 '예수의 작은 자매회'에 방문한 적이 있습니다. 온몸이 얼어붙을 것 같은 추위가 맹위를 떨치던 겨울이었습니다. 추기경은 수녀들을 만났을 때 놀라고 말았습니다.

'아니, 이런 추위에 맨발로 다니다니……'

수녀들이 아무렇지도 않은 듯이 맨발로 다니고 있었습니다. 마룻바닥은 두터운 양말을 신어도 냉기를 피하기 힘들었습니다.

"설마, 양말이 없는 건 아닐 테지요?"

한 수녀가 대답했습니다.

“저희는 가장 가난한 모습으로 살아가고자 하고 있습니다.”

“그렇지만 이렇게까지 할 이유가 있겠습니까?”

수녀는 자신들의 오래된 관습에 따라 해 올 따름이라고 말했습니다. 추기경은 그 마음에 흐뭇함을 감출 수 없었습니다.

‘세상이 아무리 험악해진다고 해도, 종교가 아무리 세속화한다 해도 이 수녀들이 있기에 희망이 있어.’

이윽고 식사 시간이 되었습니다. 추기경은 또다시 놀랐습니다.

‘이렇게 먹고서야 무슨 일을 하겠다는 건가?’

수녀들은 최소한의 밥과 반찬으로 하루하루의 양식을 삼았던 것입니다. 추기경은 그들의 진실하고 경건한 모습에 감동을 받았습니다. 하지만 추기경은 수녀들이 걱정이 되었습니다.

‘추운 겨울에 잘 입지 않으면 음식이라도 잘 먹어야 할 텐데.’

그렇게 생각한 끝에 추기경은 묘안을 생각해 냈습니다.

“영 입맛이 없네요. 반찬이 이래서야……”

그러자 수녀들이 깜짝 놀랐습니다.

“죄송합니다. 저희가 우리 생각만 해서요. 추기경님도 저희와 같은 줄 알았습니다.”

잠시 후였습니다. 식당에는 고기 냄새가 흘렀습니다. 추기경의 식탁은 물론 수녀들의 식탁 위에도 고기반찬이 올라왔습니다.

“이제 먹을 만하군요. 수녀님들도 맛있게 드세요.”

김수환 추기경은 '예수의 작은 자매회'의 수녀들이 너무나 간소하게 식사하는 것이 안타까웠습니다. 추기경은 그곳에 갈 때마다 반찬 투정을 했습니다. 그렇게 하지 않으면 수녀들이 일 년 내내 고기 한 번 먹지 않을까 걱정해서였습니다.

버스 토큰

김수환 추기경이 서울대교구장을 은퇴하기 전입니다. 추기경은 편한 면바지와 점퍼 차림으로 비서 수녀에게 말했습니다.

"토큰 한 개만."

비서 수녀가 고개를 갸우뚱했습니다.

"토큰은 어디에 쓰시게요?"

추기경은 항상 관용차를 타고 다녔습니다. 관용차를 이용해 전국 어느 곳이든 찾아가곤 했습니다. 빈민촌, 탄광촌, 철거민촌, 소록도 등 버림받은 사람들의 벗이 되고자 했습니다.

"어딜 좀 다녀오려고 해요."

"관용차가 있으시잖아요?"

"곧 은퇴하면 내 두 발로 걸어 다녀야 하잖아요? 그때를 대비해 바깥 구경을 해 보려고 해요."

비서 수녀는 빙긋 웃으며 말했습니다.

"그렇다면야 제가 드리죠. 근데 사람들이 알아볼 텐데요."

"등산 모자를 쓰고 가면 되겠지."

그러고 나서 추기경은 명동성당 밖을 나섰습니다. 북적거리는 사람들을 헤쳐 가며 골목에서 골목을 지났습니다. 그 뒤를 수녀 비서가 몰래 따랐습니다.

추기경이 버스 정거장에 거의 다다랐을 무렵이었습니다. 비서 수녀는 갑자기 밀려드는 인파로 추기경을 놓치고 말았습니다.

'이 일을 어쩌나? 추기경님 혼자 다니시기 힘들 텐데.'

그렇게 해서 그날이 어두워졌습니다. 추기경에게서는 아무런 소식이 오지 않았습니다. 비서 신부와 수녀는 걱정에 휩싸였습니다.

"아직까지 연락이 없다죠?"

"네, 어디에 계신지 알 수 없어요."

"이럴 게 아니라 가실 만한 곳을 알아봅시다."

어느덧 달이 떠올랐습니다. 명동성당의 한쪽 하늘에 둥그런 달이 떠올랐습니다. 그때였습니다.

"달이 참 곱네."

"아니, 추기경님 어디 가셨다 오셨어요?"

추기경이 말했습니다.

"한 신부의 노모를 찾아뵙고 왔어요. 혼자 사시는 노모가 걱정이 되었었거든요."

김수환 추기경은 운전면허증을 따는 게 소원이었습니다. 차를 몰고 전국 방방곡곡을 누비며 다니고 싶어 했습니다. 추기경은 이 세상에서 운전면허증을 따지 못했지만 저 세상에서 영혼의 운전면허증을 땄습니다.

부활

김수환 추기경이 선종 전 병원에 입원했을 때입니다. 추기경이 갑자기 위독해졌습니다. 추기경은 호흡 곤란으로 정신을 잃었습니다. 의사들이 긴급히 치료를 하자 추기경의 의식이 돌아왔습니다.

그때 추기경은 아이처럼 웃으며 말했습니다.

"나, 다시 살아났어."

김수환 추기경은 지나온 삶처럼 죽음 또한 일상적인 일로 받아들였습니다. 죽음은 막다른 절벽으로 사람들을 진저리치게 합니다. 하지만 추기경에게는 영원히 죽지 않고 살아남는다는 믿음이 있었습니다.

운전기사와의 우정

김수환 추기경에게 가장 가까운 사람이 누구인지 아십니까? 어느 인터뷰에서 추기경은 말했습니다.

"30년 동안 내 발이 돼 준 운전기사 김형태(요한) 형제입니다. 그는 성실하고 운전 잘하고 마음씨가 곱습니다."

추기경과 운전기사의 우정은 오랜 기간 이어졌습니다. 그동안 운전기사는 항상 제자리를 지켜 주었습니다. 운전기사가 처음으로 추기경을 뵈었을 때였습니다.

'너무 차갑게 느껴지네.'

추기경의 굳게 다문 입이 무척이나 위압적으로 느껴졌습니다. 하지만 운전기사는 자신의 생각이 잘못됐다는 걸 깨닫는 데 오랜 시간이 걸리지 않았습니다.

"까꿍, 애들아."

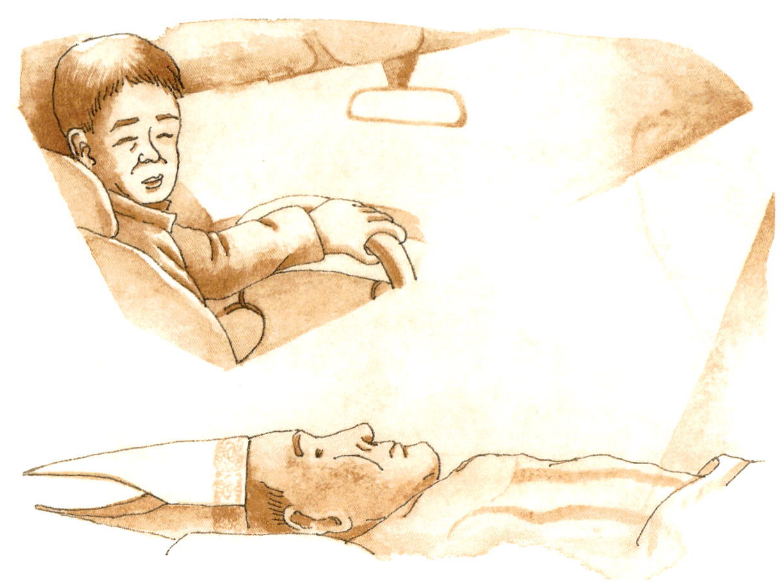

“하하하하.”

추기경은 아이들이나 젊은이들을 만날 때마다 격의 없이 대했고 또 자주 웃곤 했습니다. 웃을 때는 아이가 웃는 것처럼 천진난만했습니다. 그러자 운전기사는 추기경을 진심으로 존경하며 모시게 되었습니다.

추기경은 겉으로 보이는 일정 말고도 따로 하는 일이 많았습니다. 주로 달동네, 판잣집 같은 가난한 사람들이 있는 곳을 자주 찾아가곤 했습니다. 그때마다 운전기사는 추기경의 발이 되어 주었습니다.

어느 때는 교통이 막혀 예정 시간보다 늦어지기도 했습니다. 하지만 추기경은 아무 말도 없었습니다. “빨리 가자.”거나 “왜 늦냐?”고 하지 않았습니다. 추기경은 가만히 눈을 감고 누군가를 위해 기도를 하곤 했습니다. 그러면 운전기사는 차를 조용히 몰았습니다.

세월이 흘러 운전기사의 정년 때가 왔습니다.

"추기경님, 이제는 젊은 운전기사를 쓰셔야 합니다."

추기경이 말했습니다.

"아닐세. 자네와 나의 우정에는 정년이 없잖은가?"

이렇게 해서 운전기사는 추기경을 계속해서 모실 수 있었습니다. 추기경은 운전기사의 딸의 결혼식 주례를 서 주기도 했습니다.

운전기사가 마지막으로 추기경을 모실 때입니다. 추기경이 노환으로 병원에 입원하게 되었습니다.

추기경이 말했습니다.

"금방 나올 테니, 기다려요."

추기경은 얼마 뒤 선종했습니다. 그리고 운전기사는 하늘나라에 가서도 추기경을 모시겠다고 했습니다.

30년 운전기사와 가장 가까운 사이입니다

1922. 5. 8(음력) − 대구 남산동에서 출생

1933 − 대구 성 유스티노 신학교 예비과 입학

1935 − 서울 동성상업학교 을조(소신학교) 입학

1941. 4 − 일본 조치(上智)대학 예과 입학

1942. 9 − 일본 조치(上智)대학 문학부 철학과 입학

1944. 1. 21 − 학병 입대

1947. 9 ~ 1951. 6 − 성신대학(현 가톨릭대학교 신학대학) 편입

1951. 9. 15 − 대구 계산동주교좌성당에서 사제 수품

1951. 9 ~ 1953. 4 − 안동성당(현 목성동성당) 주임 신부

1956. 10~ 1963. 11 − 독일 뮌스터대학에서 신학 · 사회학 전공

1964. 6. 1~ 1966. 4.30 − 가톨릭시보사(현 가톨릭신문사) 사장

1966. 2. 15 − 초대 마산교구장 임명

1967. 9. 29~10. 29 − 세계 주교 대의원회의에 한국 대표로 참석

1968. 4. 9 − 서울대교구장 임명

1968. 5. 29 − 대주교 승품, 제12대 서울대교구장 착좌식

1968. 10. 6 − 한국 병인 순교자 24위 시복식 참석(로마 베드로 대성전)

1969. 4. 28 − 추기경 서임 발표

1969. 4. 30~5. 1 − 추기경 서임식(로마 베드로 대성전)

1970. 8. 15 − 국민훈장 무궁화장 수상

1973. 10. 13 − 엠네스티 국제위원회 명예 총재단 한국 대표로 선출

1974. 7. 10 — 지학순 주교 구속 사태에 관해 박정희 대통령 면담

1974. 10. 22 — 세계 주교 대위원회의에서 상임 위원으로 선출

1975. 6. 10 — 평양교구장 서리로 임명

1975. 6. 25 — 북한 동포에게 보내는 메시지 발표

1979. 8. 20 — 오원춘 사건 진상을 위한 특별 기도회

1980. 5. 23 — 광주 민주화운동 관련 서한 발표

1981. 5. 3 — 마더 테레사 수녀 내방

1982. 3. 31 — 전두환 대통령과 면담. 부산 미 문화원 방화 사건 관련자에 대한

　　　　　　　 고문 금지와 법률적 지원 보장 요청

1984. 5. 5 — 한국 천주교회 200주년 기념 신앙대회 및 103위 시성식(여의도)

1987. 1. 26 — 박종철 군 추모 미사

1987. 6. 15 ~ 4. 13 — 호헌 조치 철회 촉구 특별 미사

1988. 9. 20 — 사후 안구기증 서약

1989. 10. 8 — 제44차 세계성체대회 장엄미사(여의도 광장)

1992. 6. 26 — 한국사형폐지운동협의회 고문 추대

1994. 4. 24 — 외국인 노동자를 위한 최초의 미사(명동성당)

1997. 7. 5 — 북한 동포돕기 선언식 및 100만인 서명운동

1998. 1. 12 — 금 모으기 범 국민운동 발대식 참석(YWCA)

1998. 5. 9 — 서울대교구장 및 평양교구장 서리 퇴임

1999. 2. 9 — 장기수 특별 사면 요청 서한을 대통령에게 전달

2000. 3. 1 — 화해와 평화 선언문 낭독 및 인간 띠 잇기 행사 참석

2001. 6. 4 — 한국천주교주교회의에서 일본 총리에게 보내는 '日역사교과서 왜

곡 항의서한' 사인

2002. 11. 22 − '옹기장학회' 발족식

2003. 3. 12 − 故 지학순 주교 10주기 미사 및 출판 기념회(배론)

2004. 10. 30 − 가톨릭대 개교 150주년 홍보대사 위촉식

2005. 4. 24 − 베네딕토 16세 교황 즉위 미사(바티칸)

2006. 2. 22 − 새 추기경 서임 발표 축하(서울대교구청 주교관)

2007. 3. 30 − 가톨릭신문사 80주년 미사

2007. 10. 18 − 동성고 100주년 기념 특별전시회 − 드로잉 14점 출품

2009. 2. 16 − 선종

참고자료

김수환 추기경 사이트 http://cardinalkim.catholic.or.kr/

『추기경 김수환 이야기』(평화신문)

『김수환 추기경의 신앙과 사랑』(가톨릭 출판사)

『참으로 사람답게 살기 위하여』(사람과 사람)

가톨릭신문

평화신문

감사합니다 서로 사랑하십시오